気になる子と クラスのみんなを育てる 保育のシナリオ

CLM方式による指導計画実践ノート

中村みゆき

著

福村出版

[JCOPY] 〈出版者著作権管理機構 委託出版物〉
本書の無断複写は著作権法上での例外を除き禁じられています。複写され
る場合は、そのつど事前に、出版者著作権管理機構（電話 03-5244-5088、
FAX 03-5244-5089、e-mail: info@jcopy.or.jp）の許諾を得てください。

はじめに

　筆者は、三重県の児童青年精神科医療・福祉施設において、40 年近く、外来発達療育、デイケア、入院治療などで発達支援の業務に携わってきました。退職後も子どもたちの困難やつまずきに対して、ライフ・ステージに応じた「途切れのない発達支援」を継続したいと考え、先輩や仲間と「NPO 法人ライフ・ステージ・サポートみえ」を設立し、地域支援を主軸とした活動を展開しています。

　子どもの精神科には、発達に遅れのある子、行動が気になる子、精神的に不安定な子、不登校になっている子、問題行動を起こした子など、さまざまな子どもたちが、保護者に連れられて受診してくるケースが多いです。子どもの行動の背景には、その子の能力や特性と育ちの環境、その時代の社会が求めているものやことなど、さまざまな要因が絡み合っています。そのような子どもたちは大人に対してさまざまなメッセージを投げかけてくれます。それは、子どものつまずきや困難、立ち止まりなどに対して「途切れのない発達支援とはどうあるべきか？」であったり、「医療機関を受診する前に、どうすれば（園・学校や家庭など）地域で各児に見合った発達支援ができるか？」であったりします。

　現在の地域支援を考えるきっかけをつくってくれたのは、入院治療で出会った子どもたちの姿や数えきれないエピソードでした。

　このような数十年の臨床経験のなかで、「何かあれば病院へ」の医療中心の考えから脱皮し、子どもを日々保育・教育・支援している担任や支援者が、個に見合った適切な支援を次の担任にどのようにバトンタッチして行けばよいかという縦の連携や、担任がひとりで抱え込まずに多職種で解決していく横の連携が非常に大切であることを知り、福祉（保健・保育）、教育の新たな自治体の「しくみづくり」のありかたや運用方法に気づくきっかけとなりました。

　本書の導入として、まずその気づきのきっかけとなった A 君のエピソードを紹介したいと思います。

はじめに　　iii

1　エピソード

◆ A君のエピソード（本書の事例には個人情報保護の観点から手を加えてある。以下も同様）

・中学校２年生A君はクラスに気になる女子Bさんがいたが、積極的に声をかけるようすはなかった（のちに好意を持っていたとわかった）。A君は教室でBさんをジーっと見つめていることが多かった。休み時間にはBさんの後をつけていることもあった。

・部活中、卓球の練習をしているBさんの姿をA君は体育館の物陰から見ていた。A君のつきまといについて、Bさんからたびたび担任に訴えがあった。その都度、担任はA君に注意をしたが、行為はおさまらなかった。行為は次第にエスカレートし、Bさんの靴にメモや水を入れたりするようになった。

・やがてBさんは「A君が怖い。学校に行きたくない」と言いはじめ、登校できなくなった。ほどなくBさんの父親が「Aのせいで娘が不登校になっている。学校は責任を取れ！」と学校に乗り込んできた。

・中学校の対応は、A君の行為を注意し、校内ではできるだけA君がBさんに近づかないように見守り（見張り）をしていた。教育委員会などにたびたび相談していた。

・A君の両親には学校でのA君のようすを詳しく説明し、放課後は地域でA君がBさんと接触をしないように、A君の行動の見守り（見張り）を依頼していた。それでもBさんが不安で登校できなくなったことをA君の保護者に伝えた。すると、A君の父親は「自分が今の仕事を辞めて、この町を離れて息子と暮らします」と言った。

①中学校校長の心配な点

・A君の義務教育の継続についてである。他の町に移り住んでも、その町の中学校に通うことになれば、現在の状況やA君の状態を伝える必要がある。移っていくその町の中学校で同じことを繰り返すかもしれない。

・父親が仕事を辞めるとなると、一家の経済状況は大丈夫なのか？

・A君と父親が他の家族（母親やきょうだい）から離れて暮らすと、その関係はどのようになるのか？

・その期間はいつまでなのか？

・このような対応で、A君の行動はおさまっていくのだろうか？

・見通しがつかないなかで、対応の方法としては間違っていないのだろうか？　と。

　校長はこれらのことを解決する方法として、三重県立C学園を受診させることが選択肢のひとつであると考えました。できれば、入院治療を受け、隣接する地域の中学校分校で義務教育を受けるようにしてはどうかと、A君の保護者に提案しました。やがてA君は入院し、医

師をリーダーとする多職種チームのケースマネージャーとして筆者は治療に参画することになりました。

②過去のエピソード

【中学校（現在）】

・特定の女子に対してこだわり、学校や地域で（ア）しつこくつきまとい、靴に水やメモを入れたりする。（イ・ウ）同級生男子とは遊ばない（遊べない？）。ことばもあまり交わしているところを見たことがない。（ウ）集団活動は苦手で、強要されるとトラブルになる。

・（ウ）授業中の立ち歩きを注意されると暴言を発する。

【小学校（過去）】

・難しい漢字を好んで書く。

・（ア）国語辞典をいつも小脇に抱え、歩くことにこだわる。

・（イ・ウ）男子との集団行動が苦手でトラブルが多い。

> ここでは、
> （ア）こだわり
> （イ）言語コミュニケーション
> （ウ）社会性（対人関係・社会的振る舞い）
> で、エピソードを整理しています。

【保育所（過去）】

・特定の（ア）玩具（赤い車）などへのこだわりがあり、いつも同じ玩具で、（ア）同じやりかたで遊ぶ。

・年長になっても（ウ）友だちとうまく遊べず、ひとり遊びが多い。友だちが"ごっこ遊び"に誘うと、その遊びに関係のないヒーローになりきる。（イ・ウ）ごっこ遊びに必要なことばや役割ができない。

・自分が使いたい玩具を友だちが使っていると、「貸して」と（イ・ウ）言わず黙って取り上げ、友だちとトラブルになる。

・（イ・ウ）ことばでの指示が入らず注意されることが多い。

③ケース会議での検討内容と経過

【"こだわり"】

・特性として"こだわり"が見られ、保育所、小学校、中学校とライフ・ステージが変わっても続いている。

・年齢が上がるに伴い、保育所での"玩具（赤い車）"から小学校では"国語辞典"へ、思春期に入り中学校では"異性であるＢさん"へというように、興味関心の対象が変わってきている。

・対象の変化は、本児の発達や経験に何らかのきっかけがあったのではないかと検討された。

・中学生のＡ君が異性に興味を持つのは人として自然なことではあるが、Ａ君が今までこだわってきた対象はすべて"物"であった。

【ひとり遊びからは生まれにくい社会的振る舞いの学び】

・Ａ君は幼いときから対人関係やコミュニケーションの苦手さで困っていた。また、その年齢に応じた経験などから得られるモノ・コト・ヒトなどへの興味や関心の広がりが少なく、偏っていたので

はじめに

はないかと推察された。

・自ら同級生に「遊ぼう」と声をかけたり、あるいは「A君もやろう」と誘われたりすることが少なかったのではないか？　また、「一緒に遊ぼう」と言われてもどのように遊べばよいのかがわからなかったのかもしれない。

・A君は好きな玩具で毎日同じようにひとりで遊ぶ姿が見られたが、遊びが広がらなかった可能性がある。子どもの遊びは、友だちが遊んでいる姿を見て、真似をして、遊びが広がったり深まったり発展していく。そして同じ遊びをしている児に興味を持ち、一緒に遊ぶようになる。このようにして対人関係は広がっていく。

・しかし、A君は自ら友だちを意識することができなかったのかもしれない。同性の友だちと一緒に過ごしたり、遊んだりすることは、単に遊びかたを知るだけではなく、話しかけかた、頼みかた、お礼の言いかたなど、社会的な振る舞いも必要になる。

・思春期男子の遊びや関わり合いは、その年代に応じたコミュニケーションの取りかた、振る舞いを学ぶ機会になる。異性への対応についてもそのようななかから学んでいくのであるが、A君は幼児期から思春期にいたるまで、そのような機会で学び、育つには、誰かが意図的に介入しないと難しかったのかもしれない。

・コミュニケーションが苦手で、ことばでのやり取りよりも先に衝動的な行動が出てしまう傾向があったのかもしれない。

【失恋の儀式】

・詳述はできないが、ストーカー行為（どのように声をかけたり近づいたりしたら仲よくなれるのかがわからないA君にとって、コミュニケーションのひとつだった）をしていたA君は、Bさんが追いかけられたり、ジーっと見られたり、靴にメモや水を入れられたりすることによってどれほど傷つくか、相手の立場に立って物事を考え、判断し、行動することが困難であった。

・A君の行為は、一般的にストーカー行為として捉えられてしまうが、A君は自分の思いを整理できず、その気持ちをどのように処理し、行動すればよいのかがわからなかった。後でわかってきたことは「Bさんが好き」ということであった。

・どれだけ自分が好きでも、BさんはA君の行為に迷惑しているという現実を伝えた。そして、好きな人の気持ちを大事にすることや社会的な振る舞いを教えた。さらに、自分が好きでも相手が好きでないことは失恋であることも教えた。

・入院治療も終盤になったころ「失恋の儀式」をした。

④途切れのない発達支援の観点から

・幼児期にひとり遊びが多く、遊びが発展しないのであれば、「先生がトンネルと高速道路をつくったから、そこを赤い車が走るといいね」と興味のある遊びを発展させる。また、「今日は赤い自動車ではなく、先生と一緒にブロックで遊ぼうか？」と、いつもと違う玩具に誘い、「上手にできたね。次

はD君も呼んで3人でブロック遊びしようね」と、遊びをとおして友だち関係を広げる。

・ごっこ遊びに必要なやり取りができないのであれば、たとえばジュース屋さんごっこをするとき、A君はお客さん、D君は店長さんとして、以下のように遊びを展開する方法もある。

　　担任とA君「オレンジジュースください」

　　　　　　D君「オレンジジュースどうぞ」

　　担任とA君「いくらですか」

　　　　　　D君「100円です」

　　担任とA君「ありがとう」

　　　　　　D君「ありがとうございました」

・友だちが好きな玩具を使っていた場合、ことばより先に行動化してしまう傾向があった。幼児期であれば身近にいる担任が、「先生と一緒に"貸して"と言おうね」と、ことばでコミュニケーションを取る方法を教える。

・幼児期にことばでの指示が入らないのは、「聞くだけでは理解できない」、「聞くだけではイメージしにくい」が推察できる。その場合、絵や図で視覚的に示すことも有効である（p.38、66参照）。

・このような保育を担任が提供できれば、子どもは少しずつ発達していく。そして、友だちとも遊べる体験が増え、他の集団活動に参加するきっかけにもなる。

・こうした園での体験をもとに、就学時の引きつぎでは、A君の苦手なことが軽減できる支援方法を1年生の担任に伝え、A君が失敗せず、自信を持って進級できる環境を整える。

　本書で詳述する「**CLMと個別の指導計画**」〔CLMとは、チェックリストin三重（checklist in Mie）の略称です〕は気になる子を、クラスの子どもたちと一緒に育てる方法がマニュアル化されているため、別名 **"担任のための支援のシナリオ"** と称されています。約2週間で子どもの成功体験による問題行動の軽減と自己肯定感の向上が期待でき、担任との信頼関係を高めることができるツールです。このA君たちとの出会いが、「CLMと個別の指導計画」を開発するきっかけとなりました。

　子どもの身近にいる大人が、子どもの発達課題に目を向け、その都度、成功体験が得られる支援（「CLMと個別の指導計画」）を提供し、その支援手法を次の学年にバトンタッチしていけば、A君は入院治療にまでいたらなかったのではないか、とも考えられます。幼児期の小さなこだわり、対人関係の苦手さなどの特性に起因する問題行動は、早期に支援をしないと成長するにつれ、このように社会的な問題になってしまうことがあります。幼児期からの支援がいかに大事であるかを知らされたケースです。二次障害予防のためにはそれぞれのライフ・ステージでの支援が必要で、とくに幼児期からスタートすることが大切なのです。

はじめに

2　自治体のしくみと人材育成

　早期から支援が必要であることは、A君の例でもわかっていただけたと思います。では、実際にその支援をはじめる地域の体制についてはどうでしょうか。

　三重県では**発達障害者支援法**（2005年）に則り、かねてより「途切れのない発達支援システム」（図1）のしくみづくりを推進してきました。このしくみづくりの過程からは、各自治体が主体となって発達に課題のある子〔発達障害児（**非定型発達児**：以下本書ではこちらの表記を使用します）〕などを中心に地域支援を行うにあたっての、3つの課題を抽出することができます。以下に見ていきましょう。

課題①　場所

- 保健センター、福祉課、教育委員会など、行政が縦割り構造になっているため、保護者や支援者がたらい回しにされる。また、適切にケース管理がされずに、次の年に引きつぐしくみがなく、支援が途切れていく。その結果、子どもへの対応が遅れる。

対応　→　ワンストップ窓口の設置

・保健・福祉・教育の**ワンストップ窓口**である「**発達総合支援室・機能**」を各自治体に設置。

・訪れたその窓口で専門的な総合相談やケース管理ができ、支援が途切れないしくみ。

・各自治体におけるその部署の名称は、できるだけ親しみやすく、訪れる人のハードルを低くしたい。「子ども課」など、特別な子どもが相談に行くイメージではなく、その自治体で生まれ育つ子どものことを扱う子ども全般にかかわる課として住民に知らせたい。

Ⅰ　発達総合支援室・機能の市役所・町役場への設置
保健・福祉・教育が1か所に集まる（ワンストップ窓口）
専門性を生かした支援ができる　　　　　　　　　　　　　　場所

Ⅱ　みえ発達障がい支援システムアドバイザーの育成
CLMコーチの育成
専門知識を持った人材を育成　→　Ⅰへ配置　　　　　　　　人

Ⅲ　「CLMと個別の指導計画」による
保育所・幼稚園での早期支援
子どもの理解と支援のためのツール　　　　　　　　　　　　ツール

図1　三重県の途切れのない発達支援システム

課題② 人

- 身近な地域（自治体）に専門的な知見・技術を有する自治体職員がいない。

対応 ➡ ワンストップ窓口に配置する職員の人材育成

・保護者や支援者に対し適切に相談・支援できる自治体職員の人材育成が必要。**みえ発達障がい支援システムアドバイザー**や **CLM コーチ**の資格認定制度を創設。

・ワンストップ窓口に専門的な知見・技術を有する自治体職員を配置する。そのため自治体から派遣された保健師・保育士・教員を 1 年間、県立児童青年精神科医療・福祉施設にてトレーニングする。

・「CLM と個別の指導計画」の活用によって、発達に課題のある子に適切な保育を進められる保育士などの人材育成、「目利き・腕利き」（見立て力・要因分析力、支援力）の向上を図る。

課題③ ツール

- 学齢期に問題行動が発現してからの対応では遅い。発達に課題のある子は乳幼児期から特性が認められる。だからこそ乳幼児期からのアセスメントと早期支援が求められる。
- 保育のなかで、子どもの見立てができ、具体的に支援する方法がない。

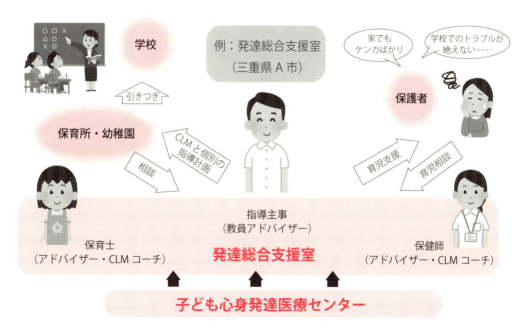

図2 市町における途切れのない発達支援システム

対応 ➡ 早期発見・支援体制とツール「CLM と個別の指導計画」の導入

・保育者自身で子どもの見立てができ、クラス全体と気になる子の具体的支援方法がわかる「CLM と個別の指導計画」を三重県の全保育所などへ導入し、気になる子の早期発見・早期支援をする。

　いかがでしょうか。ここにあげた 3 つの課題とその対応は、まさに保護者が望んでいる支援そのもの、つまり、ハードルの低い身近な市町の相談窓口（場所）で、専門知識を持った人からの、専門的な支援ツールを用いた支援、ということができるのではないでしょうか（図 2）。

＊　＊　＊

　さて本書では、筆者が「CLM と個別の指導計画」の初級研修を行う際の流れに沿って、レクチャー形式で進めていきます。まずは、レクチャー 1 として、気になる子の姿と支援の現状について見ていきます。続いてレクチャー 2 として、長期目標と途切れのない発達支援のために求められるものを、そして最後にレクチャー 3 として、担任のための支援のシナリオである「CLM と個別の指導計画」を用いたアセスメントと指導の実際を見ていきます。さらに巻末の付録として、さまざまな事例におけるプランの記入例を紹介します。本書が、気になる子どもたちの発達に悩む保育者にとって役立つものとなることを願っています。

【おことわり】
・本書に登場するエピソード（事例）は個人情報保護の観点から、内容には手を加えています。A 君、B さん、C ちゃんなどはすべて特定の個人を指すものではありません。また異なる箇所に登場する複数の「A 君」などの表記は、同一の人物を指すものではありません。
・本書に登場する障害や疾患などの表記は、すべてが最新の DSM-5 TR に基づくものではなく、今も実際に保育や教育の現場で使用している用語や表記を用いたところもあります。
・本書で紹介した「CLM と個別の指導計画」の使用・導入のご検討や、CLM 方式による保育力の向上に関する講演・研修会などについては、NPO 法人ライフ・ステージ・サポートみえ（下記）までお問い合わせください。

> **NPO 法人ライフ・ステージ・サポートみえ**
> 〒 514-0004　三重県津市栄町 3 丁目 243　関権第 3 ビル 502
> E-mail：life_s_s_mie@angel.ocn.ne.jp
> 電話 /FAX：059-273-5233
> HP：http://lifessmie.blog.fc2.com/

CONTENTS

はじめに　　　　　　　　　　　　　　　　　　　　　　　　　　iii

1 エピソード　　　　　　　　　　　　　　　　　　　　　　　iv

2 自治体のしくみと人材育成　　　　　　　　　　　　　　　viii

レクチャー 1　気になる子の姿と支援について

1 気になる子の姿　　　　　　　　　　　　　　　　　　　　　2
　1　幼児期から見られる姿と要因　　　　　　　　　　　　　　2
　2　子どもの困りごと　　　　　　　　　　　　　　　　　　　3

2 不適切な対応による問題行動の発生　　　　　　　　　　　　8
　1　描画の事例から　　　　　　　　　　　　　　　　　　　　8
　2　ダブルバインドの事例から　　　　　　　　　　　　　　　9

3 「障害？」と考える前に
　〜質ではなく量、濃い・薄い、アンバランス、発達のスピード、得意と苦手で考える〜　　11
　1　多動の問題　　　　　　　　　　　　　　　　　　　　　　11
　2　得意と苦手の問題　　　　　　　　　　　　　　　　　　　15
　3　こだわりの問題　　　　　　　　　　　　　　　　　　　　18

4 気になる行動と支援　　　　　　　　　　　　　　　　　　　22
　1　気になる行動と支援の現状　　　　　　　　　　　　　　　22
　2　3つの観点で考える　　　　　　　　　　　　　　　　　　26
　3　個性的に育てる　　　　　　　　　　　　　　　　　　　　29
　4　従来の巡回指導でうまくいかない理由　　　　　　　　　　31
　5　担任を専門家に　　　　　　　　　　　　　　　　　　　　34
　6　気になる行動には理由がある〜要因を把握〜　　　　　　　36

もくじ　xi

レクチャー 2　長期目標と途切れのない発達支援のために

1　障害があってもなくても生きる力を育みたい　　48

1　自立するにあたって、めざすところ　　48
2　完璧をめざさない　　50

2　長期目標と途切れのない発達支援　　52

1　基本的な生活習慣　　52
2　社会性　　59
3　他者に理解されるコミュニケーション　　63
4　遊び（活動）〜自由な時間の過ごしかた〜　　68
5　愛着・信頼関係〜人を愛し、愛されるように〜　　76
6　自立に向けて　　80

3　保育者・教育者に求められるもの　　85

1　保護者とのかかわり　　85
2　幼児期・小学校低学年の支援が大切　　88
3　保育者・教育者に求められる目利き・腕利き　　89

レクチャー 3　「CLMと個別の指導計画」〜担任のための支援のシナリオ〜

1　子どもの発達にはいろいろある　　94

1　知的発達症の子どもと気になる子ども　　94
2　保育指針と「CLMと個別の指導計画」　　95

2　CLMと個別の指導計画　　99

1　「CLMと個別の指導計画」とは　　99
2　担任のための（保育）支援のシナリオである　　100
3　「CLMと個別の指導計画」における支援の組み立て　　107

3 「CLMと個別の指導計画」の作成　126
　1　全体の流れ　126
　2　具体的な作成手順　126
　3　保育所・幼稚園から小学校への引きつぎ　138

付録　4・5歳児の事例集　141

索引　186
おわりに　188

COLUMN
保育者の経験によって子どもの捉えかたが異なる　5
気になる子が増えた《マジック》？　6
身長が伸びる時期は？　老眼鏡は何歳から？　14
限局性学習症の人の話　18
その人に適した対応で予防する、支援する　20
平均より高ければよいものでもないらしい　30
人はみんな個性的　49
週末は変化に富んで疲労蓄積〜"波がある"の正体〜　53
何もわからないと考えてしまうとすべて支援する　63
SPの会　64
夫を負担に思っている妻の話　69
遊び体験の場所今昔　75
CLM方式の考えかた〜自分ごととして考えて！〜　98

イラスト：長﨑　綾
(カバー・もくじ・扉・本文 p.32、57、107〜125)

レクチャー

気になる子の姿と支援について

1

気になる子の姿

1　幼児期から見られる姿と要因

- 年長児から小学校 1 年生へ移行するとき、環境の変化が大きく、以下の①〜③のような行動が見られ、学校生活になじめない状態が続く。
    - ①集団行動がとれない。
    - ②一斉活動中に座っていられない。
    - ③先生の話を聞かない。
- 就学時に顕著に現れるとされているが、幼児期にもこの姿が見られるため、幼保小連携が重要。

◆幼児期に見られ、入学後にも課題となる姿

①集団行動がとれない

　保育者の「並んでお遊戯室に行きましょう」の指示に、いつまでも遊び続け、「早く集まりましょう」などと再度催促すると、外に出ていく姿が見られる。

②一斉活動中に座っていられない

　折り紙や工作などの制作活動中に立ち歩き、作品ができ上がらない姿が見られる。

③先生の話を聞かない

　担任が絵本の読み聞かせや朝の会で大事な話をしていても、他の友だちと喋っていたり、手を出したり、外で遊んでいる子を見たりしている姿が見られる。

◆要因はなんだろう？

　保育所、幼稚園（以下、両者を合わせて「園」としています）などの生活は、給食や昼寝（午睡）といった生活活動の他は、自ら選んだ自由遊びの時間が多く、長い。反面、その年代に必

要な社会性を育む集団遊びや一斉活動が少ないことが要因のひとつではないか、と考えられています。

集団規律・行動を求められる運動会、発表会などの行事の練習時に、担任から「集団行動がとれない」、「練習の場にいられない」、「先生の話を聞かない」などの SOS が上がってくるのは、日常保育での集団・一斉活動体験の少なさが考えられます。具体的には、人とペースを合わせる、順番を守る、決められた手順どおりに行う、待つ、見通しを持って行動するなどについて、考えたり、協力したりすることを実践する機会が少ないのかもしれません。

とりわけ小学校入学直後は、学校生活で行うことが遊びから学びに変わり、自由時間が少なく、45 分の授業が続き、担任の指示に従って行動することが増えます。これは幼児保育・教育から小学校教育へ、指導が一変する段差を短期間に乗り越えにくいことが一因であると考えられます。

> **保育の ポイント**　5歳児クラスの担任は、秋になったら「この子どもたちは、翌年春に 45 分の授業中、座っていられるか?」、「集団行動がとれるか?」、「先生の話を聞けるか?」の観点でアセスメントし、子どもが困らないように、"就学" を視野に入れた保育も考えて(学校の勉強を先取りすることではありません)いただければと思う。

2　子どもの困りごと

保育者から伝えられる気になる子どもの姿はさまざまであるが、以下に代表的なものをあげてみる。

- 園になじめない。
- ことばがたどたどしい(ことばが出ない)。
- 朝の支度ができない。
- 遊んだ後の片づけができない。
- 給食の準備が遅れる(➡事例①)。
- 遊びが発展しない。
- 友だちと遊べない。
- 自分の思いが言えない(➡事例②)。
- 集団活動や遊びに参加できない。
- 友だちとのトラブルが絶えない(➡事例③)。
- 運動会、発表会など行事活動に参加できない。

1　気になる子の姿

◆気になる子の姿

事例① 　喋るのは得意だけど、物事（給食）の手順を覚えるのが苦手な5歳児A君

・とてもよく喋るので園生活は十分に理解していると担任が思っている5歳児A君は、給食準備（トイレ、手洗い、うがい、お弁当を出す）のとき、毎日遅れる。

・他児から「A君まだー。早くしてー。おなかすいた」と毎回文句を言われる。

・遅れる要因は手順を覚えていないことであり、他の子がすることを見ていて、それからスタートするので遅れる。また、他の子がしているのを見ながら喋りかけるのでさらに遅れる。

事例② 　「先生教えて」とSOSが出せない5歳児Bさん

・先生の手伝いが好きで、毎日楽しく話をしてくれる5歳児Bさん。

・お片づけは誰より手早く、他児が使っていた玩具もサッサと片づけてくれる。しかし、「今日は自分のお顔を描きます」と画用紙を配ったとたんにカチッと固まって動かない。描画の一斉活動が終わってもそのままの姿で座っている。

・日々の生活の流れをよく理解して、担任のお手伝いも得意。しかし、絵の描きかたがわからず困ったようすで座っている。「先生、描きかた教えて」と言えばいいのに、と担任は思っている。

事例③ 　「貸して」と言えずトラブルが多い4歳児C君

・4歳児C君はことばで自分の気持ちを伝えるのが苦手。

・友だちの使っている玩具が使いたいとき、黙ってその玩具を取って遊ぶので、友だちとトラブルになる。

　一見してわかる重度知的障害児、身体障害児などは、医療や療育に通い、多様なサービスを受けていることもあり、保育者も保護者をとおして支援のありかたを学んでいます。一方、軽度あるいは境界線レベルの知能を有する子や発達にアンバランスのある子（気になる子）は見立てが難しく、保育者は支援方法に困ることも多いでしょう。

　保育者から発信されてくる子どものエピソードは、上記のように枚挙にいとまがありません。子どもの行動には必ず理由があります。保育者のみなさんには、その要因と支援を「CLMと個別の指導計画」（p.126〜）で明確にして、解決できるということを伝えたいのです。

◆子どもの困りごと

　表1に示したように、子どもにはその時期によってさまざまな困りごとがあります。

　0、1、2歳児ごろは、ミルクを飲んで、おむつを替えて、抱いて揺らすと、スヤスヤ眠る子どもたちが多いと思います。一方、気になる子はそのような世話をしても、ベッドに寝かせるとすぐに目覚め、泣き、もう一度抱っこをするまで泣き続けたりすることがあります。

表1　子どもの困りごと

時期	困りごと
乳幼児期	●不機嫌・不眠、泣き叫び、多動、こだわり、ことば 　➡　親の育児不安、虐待 ●登園しぶり、多動、こだわり、友だちと遊べない、暴言・暴力 　➡　集団不適応
小・中学生	●集団行動、いじめ、学業不振、不登校、暴言・暴力
高校生以降	●怠学、退学、引きこもり、暴力

　また、子どもが歩けるようになってくると、よく動き、ある特定の物への執着が目立つようになったりします。たとえば、スーパーマーケットに買い物に行くと、店内を走り回り、特定のお菓子や物を触って離さず、その物を買わないとかんしゃくを起こします。そしてこのようなことが重なると、保護者は育児に疲弊してしまいます。思いあまって、つい叩いてしまうこともあるかもしれません。

　そのような子どもが園生活に入るとどうなるでしょうか。登園をしぶったり、登園したとしても保護者との別れに泣き叫んだりすることもあるでしょう。他にも、よく動き、衝動的で、友だちとのトラブルも起こしやすいといったことも考えられます。次第に集中する時間も増えてきますが、切り替えがうまくいかないことも起こってきます。友だちとは遊びたい気持ちが育ってくるけれども、誘いかけたり、誘われたりしながら、その場に合わせた行動がうまくできずにトラブルが起こります。そして注意ばかりされるので、暴言や逸脱行動が目立つようにもなります。このように人生早期の集団不適応の姿が、園のなかで見られます。

　小・中学生になると、さらにその年齢に応じた社会性が求められるようになりますが、コミュニケーションや対人関係における社会的振る舞いが苦手で、いじめにあう子もいるでしょう。また、年齢が上がるに従って学習が難しくなり、学業不振による不登校児も一定数いるようです。一方で、"家にいるより学校に行ったほうがマシ"とか、"嫌いな授業もあるけれど、友だちがいるから学校が好き"と思っている子どもたちのなかにも、授業中の不適切行為を注意されたりすると、暴言や暴力で応酬することもあります。

　高校生以降は義務教育とは異なり、いろいろなカリキュラムや支援のある学校、通信制の学校などの選択肢があり、登校を再開したり、必要な単位を取得したりできますが、中学生までの生活スタイルを続け、引きこもりや少年事件などへとつながるケースもあるため、途切れのない発達支援の重要性を思うところです。

COLUMN ● 保育者の経験によって子どもの捉えかたが異なる

保育者は経験的に、あるいは知識として、0歳から6歳までの発達のスケールを有しています。

1　気になる子の姿

たとえば「〇歳になったら▲▲ができる」といった「暦年齢とできること」を結びつけていて、それから少しでもずれていると「気になる子」、「定型発達ではない」、「保護者に認めてもらう必要があるのではないか」と相談されることがあります。

一方で、月齢は意識されていて、「A君は3月生まれだから、みんなより少し遅いね」と評価されることもあります。また、「B君はクラスの他の子に比べて発達のスピードが少し遅いけれど、1学期に比べてことばが増えてきて、友だちと遊ぶようになったね」などと、子どもの発達に理解を示す保育者に出会うこともあります。

◆ **完璧な子どもなどいない**

事例　**5歳児Dさん**

・5歳児Dさんは、自ら遊びを見つけて遊び込める。自分の思いも適正に伝え、友だちの気持ちも大事にし、自ら好きな友だちを誘い、ときにはひとりでいる子にも誘いかける。
・自由遊びのときも集団遊びでも楽しむことができる。また、自ら絵を描き、自ら片づけの時間を気にかけ、時間がきたら片づける。
・さらに周囲に気を配り、残っている玩具を片づける。友だちと協力して給食準備をし、時間までに残さず食べる。困っている子をいつも気にかけ自ら助ける。担任のお手伝いもよくする……。

このような子どもは保育者にとって、どのように映るでしょうか？"素晴らしい子ども"という評価は危険です。まるで大人が望んだ行動を先回りして行うような子どもの心の内には、そばにいる大人に褒めてもらいたい、評価されたい、他の子よりも私を見てほしい、などの思いがあることも忘れないようにしたいものです。

・生まれてから死にいたるまで、すべての人は「発達途上」にいる（老化過程とは分けるべきか？）。とくに発達が著しい乳幼児期の子どもは、その時期によって多様な姿を見せてくれる。すべての子どもが「発達途上」にいると考え、その時々の発達のアンバランスは「通過点」と捉えて育児や保育を進めたい。
・子どもの発達過程は昔から大きく変わっているわけではないと思うが、その時代の文化や環境のありようによって育ちかたが異なる子どもたちに、私たち大人は右往左往している。それは、大人自身が育ってきた時代背景やその価値観に大きく左右されるからである。

COLUMN ● 気になる子が増えた《マジック》？

気になるのは子どものことだけではなく、たとえば大人でも、①コミュニケーションが苦手で、無口だけれど、絵や彫刻が得意な人、②人が喋っているときに喋り出し、自分の話に引き込んでい

く人、③物の置き場所にこだわる人（その人は同じ場所に同じものを整理することが得意だった）などの例があります。昔は「ちょっと変わった人だね」だったけれども、最近はこれらのエピソードに診断名をつけようとする風潮があるのではないでしょうか？　これらは大人の例ですが、子どもの育ちにも焦点を当てて考えてみるとどうでしょうか。「友だちと遊ばない」、「よく動く」など、発達途上のエピソードが園から聞こえてきます。あくまで一部ですが、「気になる子が増えた」、「"発達障害"が増えた」と言われるマジックの、これが裏側なのかもしれません。

　発達障害（非定型発達）の世間での認知度の向上は、合理的配慮に代表される支援のありように大きく貢献もしました。しかし一方で、「あなたも、わたしも"発達障害"」が、今、そこまできているのです。

◆**めざすべき保育のありかた**

　では、そのような子どもを育てる保育とは、具体的にどのようなことに気をつければよいでしょうか？　園訪問で「この先生の保育はうまいなぁ」と思う保育者に共通していることを以下に示してみます。

・担任がクラスの個々の子どもの発達をアセスメントし、クラス全体の成長の方向性を見きわめるとともに、個々の子どもに留意する保育を実践していること。
・環境設定（クラス環境の整え）、どの子も排除しない保育（誰もがわかりやすい保育）、合理的配慮が見事に組み立てられ展開されていること。つまり、それに見合った環境を整え、クラス全体にわかりやすく規律のある保育を展開していること。
・個別対応が必要で加配保育者がついている子どもも、クラスのひとりの子どもとして認め、その子にもわかりやすく手ほどきをしていること。そこには加配保育士に丸投げせず担任としての主体的な保育が実践できていること。

　逆に、個々の子どものアセスメントをせず、環境を整えず、どのような子どもに育ってほしいかのねらいも定めず、「自ら育つだろう」というのでは、干乾びた養分のない土地に、ひ弱な苗を植えることに似ています。喋れるけれど片づけが苦手な子、片づけられるけれど絵が描けない子、「今日は何して遊びたいですか」の質問に自分の思いが言えなくてもじもじしているけれど、外では元気に走り回っている子、どの子どもも園では身近にいる保育者を頼りに生きています。

　以上見てきたように、保育現場では気になる子どもたちとクラス運営に悩みを抱える保育者に出会います。よく聞くのは、「加配の先生をつけてください」というものですが、それですべては解決しません。加配保育者がついていてもうまくいっていないケースも多く見られます。気になる子への支援は人的な「量」、つまり「人数」ではなく、その子の個性を生かしながら、他の子どもたちと一緒に育ち合う保育の「質」が求められているのです。

1　気になる子の姿

2

不適切な対応による
問題行動の発生

1 描画の事例から

- 各児の得意と苦手を把握しておく。
- 各児の発達課題を見つけて先行的支援を行う。

　保育所巡回では「年少さんだから、まだ○○ができないわね」、「年長さんは△△ができるはず」と、発達の話を保育者同士でしている場面に遭遇します。そこでは「どの子も一緒に（各領域が）同じスピードで発達する」といったイメージで、子どもの得意と苦手や、発達の凸凹、発達スピードの遅延などが話題になることはあまり多くありません。保育指針にもとづいて保育の展開をしていても、子どもによってはその活動が得意な子もいれば苦手な子もいることを常に考えておく必要があります。そのためには各児の得意と苦手を把握しておくと適切な支援ができます。つまり、各児の発達課題を見つけて、**先行的支援**（合理的配慮を含む）を行えば、みんなが参加できる活動に、担任の配慮のもとで成功体験が得られるのです。

事例　保育所の運動会が終わった翌日、５歳児クラス

担任　「昨日の運動会みんなよく頑張ったね。今日はみんなで運動会の絵を描きます」

A君　【いやだなー。何を描いたらいいんだろう？】と心の声

担任　「思い出して描いてみましょう」

A君　【描けないよー】と心の声

　担任は「B君、かけっこの絵、描いているんだね」などと、机間巡視をしている。

担任　「あれ？　A君まだ描けないの。早く描いてね」

　A君は黙って下を向いて固まっている。

担任　「絵が描けたら給食の準備です。描いたら先生のところに持ってきてね」

他児は描いた絵を次々と担任に手渡す。「C君、上手に描けてるね」と褒められている子もいる。
担任　「A君、まだ描けないの！　早くしなさい！　給食準備ができないわよ」
A君　【描けないよー。ぼくはダメな子なんだ。先生に叱られて怖い】と心の声。
・A君は泣き出し、クラスから出て行った。泣き止まず、園長室で慰めてもらっていた。担任は飛び出してしまったA君にどのように接したらよかったのだろう、と悩んだ。
・翌日「『今日は行きたくない』とAが言うのですが、園で何かあったのでしょうか？　どうしたらいいでしょうか？」と保護者から連絡があった。

　この場合、担任が「今日は運動会の絵を描きましょう」、「思い出して描いてね」と伝え、「何を描いたらよいかわからないときや、描きかたがわからないときには先生に聞きましょう」の約束をクラス全体にしておくと、「先生、教えて！」と、担任に援助を求めることができます。
　また、このA君のように特別に描画が苦手な子どもの場合は、自由遊びなどの時間に絵を描く姿がまったく見られないことから、「A君は絵を描くことが苦手」と知ることができます。描画の時間に「A君、先生と一緒に描こうね」などの声かけをすることで、子どもが困らない先行的支援へとつながり、A君は「先生と一緒に絵が描けた！」と成功体験を担任と共有することができます。また、担任に認められる機会にもなります。

・親から離れたとき、一番頼りになる人が「担任」である。
・子どもは先生に「好かれたい」、「認められたい」と思っている。子どもは遊びや課題・勉強が、「できるようになりたい」と思っている。
・乳幼児は心身の発達の個人差が大きい。発達の段階の登りかたは個々に違い、個性的である。そこを把握して対応のしかたを考えたい。
・日常保育のなかで子どもを観察する力と支援する力が担任には求められる。これらが発揮できれば、子どものつまずきや困っていることへの先行的支援が可能になり、やがて担任の目利き力（見立て力・要因分析力）、腕利き力（支援力）の向上につながり、専門性の高い素敵な保育者になっていく。

2　ダブルバインドの事例から

●何気なく、子どものためになると思っている声かけや、させてあげたいことが、子どもの問題行動を引き起こすきっかけになることがある。
●2つの矛盾するメッセージ（ダブルバインド：ある人が出したメッセージとメタメッセージが矛盾するコミュニケーション状況に置かれること。2つの矛盾した命令をすること）

を出すことで、問題行動が発現する場合がある。

事例①　いつものスーパーマーケットでの買い物中

・母はいつも自分がおやつを選んで与えているので、たまには子どもに選ばせてあげようと優しい気持ちになっていた。

　　母　「今日はこのお店で好きなお菓子、選んでもいいよ」

　　子　「やったー。うれしい」と言い、すぐさま“あまーいお菓子”を持ってきた。

　　母　「ダメだよ、虫歯になるよ。このお菓子はダメダメ！」

　　子　「えー。好きなお菓子選んでいいと言ったのに」

・「ギャー、ギャー、ギャー」と泣きわめき、地団駄を踏んで収拾がつかず、買い物せずに帰った。

　さて、この場合どのようにすればよかったでしょうか？　子どもは「選んでもいいよ」と言われたのに、「それはダメだ」と言われた。子どもにとっては2つの矛盾するメッセージ、つまり**ダブルバインド**の状態に置かれているわけです。たとえば、「今から買い物に行くよ。お菓子をひとつ買ってあげます。AかBかCのどれがいい？」と予告をし、決めてから出かける。または店でA、B、Cのお菓子を見せて、選択させる。これは、母親が虫歯などを心配しなくてもよいお菓子をあらかじめ決めておく必要がありますが、子どもは自分で選んで買ったという体験になるのです。

事例②　水遊びが好きな子に食事後の茶碗洗いを手伝わせようとして

・母は水遊びが好きな子は、「水を使うお手伝いをさせるといいよ」と聞いたことがある。子どもの好きなことをして生活スキル（茶碗洗い）が上がるようになればいいなと考えた。

・6人家族で夕食時に食器は、茶碗6個、椀6個、中皿6個、取り皿6個、湯呑6個、箸6膳を使っている。ある日、

　　母　「夕食のあと、お茶碗洗い手伝って」

　　子　「いいよ。お茶碗洗い大好き。やったー」とうれしそうに踊っている。

・洗い出したら水をジャージャー出している。大量の食器具を洗っていて、いつ終わるかわからないようす。次第に母はイライラしてくる。

　　母　「全部洗ってもらうと遅くなるし、水もずいぶん使うから、もういいわ。あっちに行って」

　　子　「どうして！　お手伝いしたいよー」

・「ギャーギャー」と泣き叫ぶ。

　この場合は、自分の物だけ、あるいは小さなお皿だけを洗わせるなどにすると、時間も短く、水道費用も少なくてすみます。また、子どもは好きな水を使ってのお手伝いに満足します。

3

「 障 害 ？ 」 と 考 え る 前 に

**質ではなく量、濃い・薄い、アンバランス、
発達のスピード、得意と苦手で考える**

1　多動の問題

- 2歳児はほとんど多動だが、年齢が上がれば落ち着いてくる。
- 身長が伸びる時期も、人によって異なる（老眼や物忘れも……）。

　気になる子は「障害」なのか「個性」なのかという議論がよく持ち上がります。そこで気になる子を「障害」と考える前に、**誰にでも多少はある個性や特性**として捉えてみてはどうでしょうか。その人だけが持っている個性や特性ではなく、誰もが持っているが、量の違いや発現時期、おさまり時期が異なることによって、際立った言動が障害として捉えられてしまうのではないでしょうか。まずは、「**よく動く**」（**多動**）の問題を例に考えてみましょう。

　よく動く子に対して、保育者によっては、「A君はADHDかもしれない」などと診断名を口にする人がいます。そのとき「ちょっと待って！　このように考えたらどうでしょう？」と次のような提案をすることがあります。

　「動くこと」や「動き」は誰にでも見られる行動です。そのなかで「よく動く」、「あまり動かない」などの程度の問題として考えてみましょう。また、いつも同じように動いているわけではありません。体育館やグラウンドといった広い場所では走り回ったりしてよく動きますが、朝の集まりなど座っている場面では、隣の子をつついたり、話かけたり、手や口が動いている程度のこともあります。つまり、動きは状況によって大きく左右されるのです。さらに、「子どもの時期はよく動くが大人になるとあまり動かなくなる」と言われますが、このことは生まれてから成長していく過程で見られる変化として捉えてはどうでしょうか。

◆**保育者が「よく動く」と言うときの状況はそれぞれ異なる**

　まずは子どもの行動をよく見てみよう。

3　「障害？」と考える前に　　11

- **タイプＡ** クラスの子どもが一斉に動いても、他の子どもの動きや玩具などの刺激に捉われず、目的行動だけをするタイプ。
- **タイプＢ** 見た物に興味を持ち、その都度その物のそばに行っては、戻ったりする。いろいろな物や人の言動（刺激）を取り入れてしまい、保育室のなかをあちこちフラフラ歩くタイプ。
- **タイプＣ** じっとしているときがなく、常に注意されるタイプ。

タイプＡ

- 担任から指示された物（クレパス・のり・ハサミ）をロッカーに取りに行くとき、誰とも喋らず、短距離で必要な物だけを取って座る。
- 自由遊びのとき、ひとつの遊びに集中している。また、絵本を読んでいる場合、読み終えた絵本を自ら取り替えに行くときも絵本棚に歩いて行く。

タイプＢ（「よく動く」と報告されることが多いタイプ）

- ロッカーに物（クレパス・のり・ハサミ）を取りに行くとき、机の周りをジグザグに動き、他児に近づくと喋り出したりする。途中で他児とぶつかることもあり注意される。
- 絵本の読み聞かせのとき、いつも椅子をガタガタさせ、興味のあるところでは喋り出す。また、興味がないと他児に手を出したり、話しかけたりして注意される。

タイプＣ（「常に動いている」と報告されることが多いタイプ）

- 高いところに登る。走ってはいけない場面でも走る。何かの活動をしている途中で、他のことに手を出す。遊びや片づけなどの活動も中途半端に終わる。みんなが並んでいる途中に割り込んだりする。並んでいるときも常にどこかが動いている。
- ロッカーに物（クレパス・のり・ハサミ）を取りに行くとき、友だちとよくぶつかる。また、部屋を一周したり、気になる物を触ったりしているうちに取りに行く物を忘れることもある。
- 絵本の読み聞かせのとき、立ち歩き、何度も注意される。
- 自由遊びのとき、ブロック遊びをしていたかと思うと、横の子がしているカルタ遊びを見ている。前の子がしているごっこ遊びの玩具を触り、大型の積み木が目に入ると、基地をつくっている子どもたちのそばへ行く。１か所で遊び込む姿が見られず、室内や園の他所を走ったり、歩いたり、転げたりしている。トラブルも多い。

ふだんから「子どもはにぎやかで友だちと遊んだりしているときはよく動くものですよ」と話す担任も、自身の意思どおりに子どもが振る舞ってくれなかったり、静かにしてくれないと困ってしまいます。「○○のときは静かにしてほしい」と、静かにしてほしいタイミングが担任によって異なるため、それが担任による「よく動く」の評価の違いとなって表れてくることもあるのではないでしょうか。

- 保育者が「よく動く」と言うときの状況はそれぞれ異なる。
- 「よく動く子ども」を落ち着いたクラスのなかで保育すると多動は目立たない。しかし、全体が騒然としたクラスではさらに多動が目立つものである。
- この場合は、環境の整えや、クラス全体の保育の進めかたを点検するとよい。

◆よく動く2歳児クラス

①2歳児の発達から考えると「よく動く」ことが一般的。
- 物や玩具を見ては触って遊び、次第に興味を持つようになる。
- 行動範囲が広がるにつれ、いろいろな物や人の刺激に触れ、探索行動が増えていく。

②発達のスピードや発達経過に個人差がある。
- 「多動のおさまりスピード」が同年代の子どもより遅れる子がいる。
- 「多動のおさまりスピード」は個人差が大きい。

①2歳児クラスは「よく動く」ことが一般的

　2歳児クラスの4月生まれの児と翌年3月生まれの児では、発達の差が大きい姿が見られます。そして2歳児クラスはどの子も「よく動く」時期です。まるで「夜店のヒヨコのケージの出口を開けたようだ」と2歳児クラスのことをたとえられることがあります。ケージに1か所だけある出口からヒヨコがわれ先に出ようとする多動な姿を表していて、その光景をイメージすると、なるほどと妙に納得してしまいます。

　2歳児クラスの発達から考えると「よく動く」ことが一般的で、あちこちよく動く姿がほほえましいものです。逆に、2歳児が同じ場所から動かずジーっとしていたらどうでしょう。歩けるのにどこにも移動しない、玩具やいろいろな物に触らない、刺激にも反応しない2歳児は、「ちょっと気になる2歳児」ではないでしょうか？　「あまり物や人に反応せず、動かないので心配です」との相談が入ることもあります。この「多動」や「よく動く」は、生活年齢が上がるに従っておさまってきます。園訪問をすると、2、3歳児はとてもよく動くけれども、5歳児ともなると落ち着いている姿を目にします。認知力、社会性、コミュニケーション力などの発達とともに、行動のコントロールもできるようになり、集団行動にまとまりが出てくるのです。

②発達のスピードや発達経過に個人差がある

　2歳児クラスでは「お散歩に行くのでこの線に並びましょう」と言っても並べる子ばかりではありません。線からはずれてフラフラ歩いている姿や、玩具に気を取られ玩具箱のほうに行ってしまう姿も見られるでしょう。そのようなとき、保育者は子ども数人が入る手押し車（乳母車）や電車やバスのなかで立っている人が使う「わっか」のついた「お散歩ひも」を活

3 「障害？」と考える前に

用します。同じように、5歳児クラス（就学前児）に「お散歩に行くのでこの線に並びましょう」と言えば、ほとんどの子が線に沿って並ぶことができます。しかし、なかには2歳児のようにフラフラ歩いたり友だちと喋ったりして並べない子もいます。5歳になってこの姿は気になります。これは、「**多動のおさまりスピード**」が遅い子です。

5歳児にもなれば「多動」、「よく動く」と言われることは少なくなります。しかし、一部の子どもに、行動のコントロールが苦手で、「多動のおさまりスピード」が同年代の子どもより遅れる子がいます。この「多動のおさまりスピード」は個人差が大きく、5歳児でフラフラしていた子も小学校3年生くらいになるとおさまってくるようです。

しかし、刺激への気の取られやすさは就学後も続いていきます。たとえば、板書時に「黒板を見ていましょう」と指示されても、黒板をチラッと見るだけで消しゴムを机の上で転がしたり、隣の子に喋りかけたりして、体のどこかが動いている。大きな動きはおさまっていくが、体のどこかが動いている。見た目には動いていないように見えても、子どもによっては他のことを考えたりして頭のなかがざわざわして、集中が途切れるといった姿が見られます。

「5歳はおさまる年齢なのにまだまだ動いている」や「2歳はよく動く姿が一般的なのに、ほとんど動かない」のように、多動を年齢や月齢で捉える考えかたがあります。一方、毎日のように「じっとしていなさい」と注意された子も、発達経過を追っていくとその子なりの落ち着きを見せ、変化していくことがわかります。たとえば「A君は昨年よりずいぶん落ち着いたね」のように、その子の半年前、1年前と比べていくと「今は発達の通過点」として捉えることができます。このように動きに対しておさまりかたのスピードが子どもによって異なることの観点から子どもの発達を見ていくことも大切です。

子どもの発達は、同年代集団と比較して"平均"で見るのではなく、個の発達経過を追って見ていくことによってその子の発達がよくわかり、個に応じた子育てや保育ができるようになります。同年代集団と比較して、今できていないことに大人は焦らないことが重要です。筆者は保護者や保育者に対し、「A君の発達を○○の支援をしながらもう少し待ちましょう」と具体的に助言することも多く、その子が今の生活上、困らないように支援をすることが"かかわりのポイント"であることも同時に伝えています。

みんなと同じ行動ができない子を「障害」とするのではなく、「発達のスピードが異なる」、「発達途上」であると考えて、園生活が楽しめる支援を続けることが大切です。

COLUMN ● 身長が伸びる時期は？　老眼鏡は何歳から？

身長が伸びる時期には個人差があります。小学校入学当時A君は113センチで、「ちび」と呼ばれていて、並び順も一番前でした。そのときB君は140センチでした。成人式で久しぶりに集まったとき、A君は175センチ、B君は165センチになっていました。B君がA君に「いつ身長、伸び

た？」と聞くと、「中学と高校でバスケをして伸びた」とのこと。身長の伸びる時期にはこのように個人差があります。成長する時期はみんなそれぞれ異なることも忘れないようにしよう。

そしてこれは大人も同じです。「老眼鏡は40代以上の必須アイテムである」と筆者は考えていますが、60代後半になっても使っていない人がいます。これはどうしてだろう？　それは、老化（発達の下降線）のスピードが異なるからです。

- 乳児期の出来事から大人になっていくまで、さらに加齢に伴っての変化を見てみると、人間は常に発達・変化していることがわかる。
- 担任から「よく動いて困る子がいます」と相談を受けるとき、「何歳？　何月生まれ？」の質問をする。「3歳で2月生まれです」と言われたとき、「もう少し待ちましょう」と返答する。担任はクラスの他児と比べていると思われるが、3歳児クラスで5月生まれの子と3歳児クラスで2月生まれの子では発達・成長に大きな差がある。
- 0歳から6歳までは、人間として一番大きな変化をする時期であり、そのことが将来どのように影響するかが見通せないとき、子どもを取り巻く大人たちは定型発達との異なりを心配する。
- しかし、将来のことより、今、子どもが幸せに過ごせるように、困らないような支援に注力することが重要である。

2　得意と苦手の問題

- 「読む、書く、聞く、話す、計算する、推論する」といった学びの範疇だけでなく、人には誰にも、得意と苦手がある。
- 保育士・幼稚園教諭自身の得意と苦手を自覚してみよう。

◆得意と苦手（凸と凹、濃と薄）のイメージ

得意と苦手について、誰でも体験する学習などで困っていることを例としてあげてみます。中学校1年生のA君は、日常生活は他児と比べても問題はなく、知的に遅れは感じません。しかし、国語、英語がとても苦手です。アルファベットは何とか視写できますが、字形を正確に写せなかったり（aとu）、上下の逆転（MとW）があったりします。ある日、中学校で「家（いえ）」は英語で「ハウス」と言います、"house"と書きます、と教えてもらったが、「ハはどれ」、「ウはどれ」、「スはどれ」と確認していました。日本語の"i"（い）と"e"（え）のように音と文字が一対一対応になっていないことから、「英語はわからない……！」と思った

ようでした。英単語がかなり負担になっているようでした。

　義務教育において、「読めない」、「書けない」、「話せない」、「計算できない」などは、子どもたちにとって大きなリスクを背負うことにつながります。大人になってからもその困難は続くのではないかと、保護者も不安です。実際、学校で「今からみんなで○ページをはじめから音読します」と言われたとき、読めない子は困ってしまいます。子どもによっては悲しい思いをしながらも、口パクをしてやり過ごす場合もあるでしょう。

　知的には遅れはないけれども、学校で「読めない」、「書けない」となると、まず**限局性学習症（学習障害）**がイメージされるでしょう。文部科学省による学習障害の定義を、以下に引用してみます。

> 　学習障害とは、全般的に知的発達に遅れはないが、「聞く」「話す」「読む」「書く」「計算する」「推論する」といった学習に必要な基礎的な能力のうち、一つないし複数の特定の能力についてなかなか習得できなかったり、うまく発揮することができなかったりすることによって、学習上、様々な困難に直面している状態をいいます。
>
> 〔文部科学省（2021）．特別支援教育について　4．障害に配慮した教育　（8）学習障害　https://www.mext.go.jp/a_menu/shotou/tokubetu/mext_00808.html（2024 年 8 月 1 日アクセス）〕

　人には誰にも、得意と苦手があります。中学校 1 年生 B 君は数学の授業中はほとんど机にうつ伏せていたので、先生に注意されることが多かった。テストは赤点を取っていたが、運動は得意で放課後はグラウンドでサッカーをして、友だちとのつき合いもよく毎日が楽しそうだった。廊下に貼り出してあるテストのランキングを見たら、同じクラスの C 君は国語の点数がいつも 100 点だった。「でも数学がからきしダメなんだよな」とつぶやいていた。C 君はいつもひとりで過ごしていて、「友だちはいない」とのことだった。D さんは友だちとのお喋りが大好きでコミュニケーションも良好。掃除当番や学級での係の段取りはとてもよいのだけれど、「勉強はどれも嫌い」、「宿題もしない」と言い、どの教科も平均点以下。

　これらはある中学校の先生から聞いたエピソードです。人にはそれぞれいろいろな「得意と苦手」があり、それも程度の問題だと思いました。

◆保育士・幼稚園教諭自身の得意と苦手を自覚してみよう

　筆者の研修会では、参加者に自身の得意と苦手を知ってもらう、つまりそれを皆さんに自覚してもらうために、以下のような簡単な質問をすることがあります。

【保育士・幼稚園教諭になった動機】

　参加者の 90%以上が保育者である研修会において、

① 「ピアノがうまいと毎日の朝の会で、気持ちよくピアノを弾いて子どもたちと一緒に歌えますよね。ピアノが得意なので保育者になった人？」

② 「イラストや漫画を描くのが得意だと、子どもとのお便り交換や、壁面制作が思いどおりにできますね。それで保育者になった人？」

③ 「文章がうまく、クラス便りの作成が得意なので保育者になった人？」

④ 「子どもと遊ぶことが得意なので保育者になった人？」と質問する。その結果は、多くの会場で一致することがある。

「ピアノが得意だから」は０人の会場もありますが、たいていは２～３人が目立たないように挙手。「イラストや漫画を描くのが得意だから」はどの会場でも０人。「文章がうまく、クラス便り作成が得意だから」も０人。「子どもと遊ぶことが得意だから」、ここで参加者の半数は挙手します。

実際、最後の「子どもと遊ぶことが得意だから」あるいは「子どもが好きだから」がどの会場でも一番多く手があがり、うれしくなります。「自分はピアノが苦手だから、椅子取りゲームのときの曲はCDをかけている。でも子どもとの遊びは得意で、子どもの笑顔が見られるよう遊びを盛り立てることは得意だ」といった声も聞かれます。このような質問で、日ごろの保育を振り返り、「そういえば自分が得意なのは、歌やダンス」とあらためて自身の得意を自覚する会場のようすがあります。さらなる質問をしてみよう。

【子どものころの得意な教科と苦手な教科】

① 「小学生のころ、国語と算数のどちらが得意だったか手をあげてください。算数が得意な人？　国語が得意な人？」で挙手をしてもらうと、どの会場でも国語が得意な人が多い。なぜだかわからない。

② 次に「国語のなかでも、漢字を書くのが得意な人？　文章を書いたり読んだりするのが得意な人？」で挙手してもらうと、どの会場でも「漢字が得意な人」のほうが多い。また、算数が得意だった人に「計算が得意？　文章題やグラフなど計算以外の課題が得意？」といった質問をすると、「計算が得意」の人が多い。

「国語が得意か、算数が得意か、漢字が得意か、計算が得意か」の結果はじつはそれほど重要ではありません。どちらもあると思うし、実際どちらでもよいのですが、大人になって、気になる幼児の発達支援を志している保育者に気づいてほしいのは、人は誰でも得意なジャンルと苦手なジャンルがあるということです。得意は高い山（凸）、苦手は低い谷（凹）で、この発達（能力や特性）の凸凹は誰もが持っている特徴であり、それを「**個性**」と考えます。幼児期は発達期にあって、今は低い谷であってもそれがムクムクと高い山になる可能性を秘めてい

ることを理解してほしいと願っています。

　たとえば1歳6か月児健康診査（以下、本書では1歳半健診と表記します）でことばの発達が平均より遅れていても、年齢を重ね、年少児で入園し、担任や他の子どもたちから、生活や遊びをとおした多様な刺激を受けることによって、ことばがあふれる「爆発期」を迎えることもあります。子どもはいつも発達の途上にいます。子どもの発達で気になることがあったら、「今は通過点」と捉え、必要な支援を続けていくことが大切です。

COLUMN ● 限局性学習症の人の話

　「運動の力は抜群です。どのような競技でも負けない自信があります」と、凸（高い山）について話をする人が、一方で「しかし、どれだけ練習しても文字がスラスラ読めないし、漢字はほとんど覚えられないです」と、凹（低い谷）に思い悩む。

　非定型発達（いわゆる発達の凸凹）の人と一般の人との違いは、発達の凸の山が高い、あるいは凹の谷が深いということです。定型発達の人はこの山と谷にそれほど差がないのではないでしょうか。天才と呼ばれる人は、おそらくその高い山（凸）の能力を発揮して生きている。反面生きていくうえで、いろいろな不得意（苦手、凹）で困ることもあるでしょう。私たち支援者はその高低が一人ひとり異なることを知り、現在困っている人も一生涯そのままでいるのではなく、発達過程として捉え、そのとき必要な支援を行うことが大切なのです。

3　こだわりの問題

- ●「こだわり」とは「必要以上に気にすること。そのことにとらわれること」。
- ●こだわりは自閉スペクトラム症（Autism Spectrum Disorder：ASD）に特有の特性のように捉えられがちであるが、一般人にも保育者自身にも「こだわり」や「習慣」はあると自覚しよう。

◆自分にはこだわりがあるか？

【研修参加者の「こだわり」について】

　研修の参加者に「自分はこだわりがあると思う人？」と声をかけると、スーっと3人ほど挙手。手をあげようかどうか迷っている人もいます。そこで質問を変えてみます。

　「では習慣についてはいかがでしょう？」

　「習慣」とは「長い間に繰り返し行ううちにそうするのが決まりになったこと」です。「たとえば玄

関を開けたら鍵をいつも同じ場所に置きますか？　そのような習慣はありますか？」に対して多くの人が手をあげる。「それでは、こだわりと習慣の違いは？　の質問に答えていただける人？」、誰も手をあげない。

続いて2つの事例を見てみよう。

事例①　寝ないA君

・A君は知的障害を伴うASDの診断を受けた特別支援学校中等部1年生男子。バスで通学をはじめた4月中旬、近くの停留所に「8時に来るバスに乗ること」を担任と保護者からしっかり指導された。

・何事もきっちりしたいA君は夜になっても寝なくなった。理由は「寝ると、バスに乗れない」とのこと。眠ってしまうと8時のバスに乗り遅れ、学校に行けないので寝ないと、受診の際に保護者が解説。そして、「息子が寝ないので私も起きているのですが、もう限界でフラフラです。仕事も休んでいます」と。

・睡眠の乱れからくるA君と家族の心身のストレスを考え、主治医がA君に入院を勧め、翌日入院した。そして、「今日から寝ることが一番です。A君は学校を休んで、よく寝ること、食べることを頑張ってください」と伝えた。A君も保護者も休息がとれた。

このように生活リズムが大きく崩れてしまうようなこだわりもあります。その場合、家族も巻き込まれてしまいます。

事例②　主婦のBさん

・週5日、パートの仕事を持つ50歳Bさんは、54歳会社勤めの夫と20歳大学生の長女との3人暮らし。毎日仕事から帰ると、玄関靴箱の横にある丸いかごのなかに、鍵を入れる。

・ある日、帰宅したらその丸いかごがなくなっていた。Bさんは「鍵を入れるかごがない！」と大騒ぎし、家族2人に電話をした。家族がどこで何をしていようとお構いなしの乱れよう。まず、営業職の夫に電話をした。「家の鍵入れがないけど、どうしよう。すぐ帰ってきて探して！」と。すると商談中の夫からはブチっと電話を切られた。次に大学生の長女に電話をした。話した内容は同じ。「お母さんそんなことで電話してこないで。いまアルバイト中！」とのことで、すぐさまシャットアウト。

・Bさんは、夕食づくりも手につかず、いつまでも「丸いかご、丸いかご」とつぶやきながら家のなかを探し歩いた。

Bさんの行動のように、そのことにとらわれてしまい、他者を巻き込み、日常生活にまで影響を及ぼすような行動は、おそらく**こだわり**、その物への**執着**といってよいと思います。一

3　「障害？」と考える前に

方で、習慣とこだわりの違いを、他者を巻き込んで日常生活に大きく影響するかどうかの視点と、変換できるかどうかという視点から考えてみるとどうでしょうか。

Bさんにとって「鍵を入れる丸いかご」が見当たらないことは心がざわつくことです。ここで他者を巻き込んだり、日常生活に支障をきたしたりする言動を切り替えて、「丸いかごがないのは残念。鍵を入れるもの、他に何かないかな。そうだ、四角いお菓子の箱があったから、代わりにその箱を使おう」と代替行為ができるのが、「習慣」と考えられそうです。

私たちは、誰しもこだわりや習慣とともに日常生活を送っています。「その物や事に濃い（強い）思いを持つ」➡「思いは持っているけれど、そこまで濃く（強く）はない」➡「他のモノやコトに変えても大丈夫！」のように持っていき、ストレスを低減できればと思います。日常生活でこだわりの強い人にもヒントを伝え、少しでも生活が過ごしやすいよう、アドバイスしたいと思います。

私たちは習慣をうまく活用して生活を便利にしています。この道を行けば学校に着く。うがいのしかたは水を口に含んでブクブク３回、上を向いてガラガラ３回、これで口ものども清潔。買い物の手順は野菜コーナー、鮮魚コーナー、肉コーナーの順に回る。お風呂の入りかたは頭、顔、体と洗う。このように習慣や若干のこだわりは、とても効率よい行動の繰り返しなのです。

玄関の鍵を開けたとたん、「あれ？　いつもの丸い鍵入れかごがない。どうしたのかな？家族が帰ってきたら聞いてみよう。丸い鍵入れの代わりになるものがないか探してみよう」、「そうだ！　この前もらったクッキーの四角い箱がかわいいのでそれに替えてみよう」となれば、生活に影響するようなパニックにはなりません。人間にとって毎日の習慣は大きなエネルギーを使わず日常生活を過ごすうえでとても便利なものです。ASD の人たちはこの行為において濃い特徴を有しますが、誰しも濃い・薄いの差こそあれ、ゼロではありません。こだわりと習慣はまさに**スペクトラム（連続体）**なのです。

COLUMN ● その人に適した対応で予防する、支援する

定型発達の人（平均的発達、一般人）も非定型発達の人たちの特徴といわれる「多動」、「能力のアンバランス」、「こだわり」などの特性を持っています。ただ、その発達のスピードや凸凹の高さ低さ、濃い薄いなどが、平均的であるかどうかの違いでしかありません。そしてそのような特性があっても、日常生活や人との関係のなかで「問題行動」として発現していないことが、「個性」の範疇なのです。

個性的な人のなかには、自分自身のある特性に気がついていて、事前に、心配なことに対して"予防"をしている人もいます。たとえば、忘れ物が多いCさんは、玄関のドアに「持ち物リスト（鍵、財布、ケータイ、ハンカチ）」を書いて貼っておき、それを確認してから仕事に出かけるよう

にしています。Dさんは、あるボールペンで書くことにこだわっています。このボールペンがないと仕事が進まないので、失くしたときのことを考えて、常に数本、同じボールペンをかばんに入れています。みんなが思いつくことばかりですが、自分の特性がわかっているからこそできることなのです。

　では、個性的な人（「濃い人」）の二次障害はどのようなときに現れるのでしょうか？　それは、「その人が置かれている環境が合わない」、「何の援助もなく求められていることがその人の能力を超える」、「援助の方法がその人に合わない」といったときでしょう。例をあげればもっとあると思います。自分自身の能力や特性がわかっている人は、それらを生かした仕事に就き活躍している人も多くいるのです（研究者、芸術家、アスリート、IT関連など）。

レクチャー 1

レクチャー 2

レクチャー 3

3　「障害？」と考える前に　　21

4

気になる行動と支援

1 気になる行動と支援の現状

- 明確な「障害」があると判断できないケースが増加している。
  - 保護者は受診に消極的・積極的の両方がある。
  - 保健師・保育者・教師等は支援に迷うと、受診によってアドバイスをもらってから支援をスタートしようとする。しかし、初診に長期間待たされる。
  - この時期が長いと支援が遅れ、不適応行動が増悪し、「障害」にいたる。
- 保育者や教師等の支援技術に課題があると、叱ったり、注意したりが多くなり、子どもの問題行動がさらに増え、人員の要求につながる。
- 子どもに関わる方（保健師・保育士・教員等）に目利き力（見立て力・要因分析力）と腕効き力（支援力）が求められる。
  - 地域での早期支援は二次障害を予防する。

◆現代の生きにくさ〜明確な「障害」があると判断できないケースの増加〜

　現在、保健センター、保育所・幼稚園、学校などで子どもに関わる担当者は、「気になる子が増え続けている」と言います。子どもの発達は昔から大きくは変わっていないけれども、生活文化、社会環境の変化に伴い、人に求められる多様な能力の種類や幅、深さが変化してきています。さまざまな価値観の混在と、社会文化やその環境の変化のスピードが速いことも、大人や子どもの考えかた、生きかたを大きく揺さぶっています。

　変化に弱い人が不適応を起こす要因のひとつが、求められていることにうまく自らを合わせられないことにあるようです。ましてやこの世に生を受けてわずかな年月しか経っていない子どもは、身近な大人や毎日顔を合わせる友だちから大きく影響を受けます。なかでも、幼ければ幼いほど、身近な大人である保護者や保育者の影響力は大きいでしょう。

①保育者の発達のスケール

　保育者は子どもとの生活や遊びなどの活動（保育）をとおし、発達のスケールを獲得していきます。保育者に話を聞くと、具体的な子どもの姿から経験的に得ているようすが伺われます。

　たとえば「年少さんの5月だから、まだガラガラうがいは無理な子もいますよね。うちのクラスでは男の子の数人はまだできていません」、「年長さんなのに、玩具の片づけや給食の準備がみんなとできないのは、少し遅れていないでしょうか？　クラスのほとんどの子ができていますよ」などと、○歳になったら何がどのようにできるかを保育者はよくわかっています。

　一方で、「○歳の子どもであれば○○ができて当たり前！」との考えから、保護者の育てかたが十分でないという話を持ち出したり、障害かもしれないと急いで保護者に伝えたりする一部の保育者がいます。しかしこれには根拠のない発言もあり、保護者にそのまま伝われば、保護者を相当に悩ませ、苦しませることになるのです。

事例　ひとりっ子4歳児A君の保護者が保育所担任から報告を受けた

・「お母さん、A君のことが気がかりです。いつもひとりでブロック遊びをしていて、友だちが誘っても一緒に遊びません」、「近ごろ、友だちの使っている玩具を突然黙って取り上げ、ケンカになることが増えてきました」、「A君も困っていると思いますので、一度、どこかのお医者さんに診てもらってはいかがでしょう？」と母親に伝えた。

・担任は、他児と比べて、A君が友だちと遊べず、ひとりでいたり、相手の気持ちを考えずに玩具を取ったりする回数が増えてきたことを心配していた。

・しかし、それを聞いたA君の母親は「先生、大丈夫ですよ。家では漢字もアルファベットも覚え、とても集中して遊んでいます」、「姑が、Aの父親も幼いころは、Aのようだったと聞きました。今は立派に会社の課長になって出世頭です」、「それに、家ではひとりなのでケンカもなく静かに過ごしています」と担任に伝えた。

　A君の母親も多少は気になっていたけれど、A君が育っていくなかで、今、受診しなければいけないほど問題ではないと考えていました。A君は1歳半健診で「ことばの発達が少しゆっくりですね」と保健師に言われていました。しかし、2歳過ぎからはことばがどんどん増えてきて、「なんで、なんで」と質問を繰り返すようになりました。そのようなときにはA君が納得するまで、親として応えていたとのことです。やがて、マークや文字にも興味を持つようになったので、興味のある玩具やドリルを与えると、ひとりで集中して文字を読んだり書いたりするようになり、3歳で就園してからはさらにことばが増えて、A君なりに発達していると母親は思っていました。ただ、親戚の集まりや同年代の子どもと近所で遊びたがらないようすから、人との関わりが少し気になっていました。

　文字を読み、いろいろなことを知りたがるA君の母親は受診には否定的な気持ちが強く、

4　気になる行動と支援　23

知的好奇心を満たしてやりたい、その領域を一生懸命に磨こうとする母心が透けて見えます。家庭でのA君はひとりっ子で、他のきょうだいと競い合う機会もなく、好きな時間に好きな玩具で遊んでもいいことになっています。きょうだいがいないから、何でもいつも一番にできるため待つという体験が少なく、また相手の気持ちを気づかう必要もありません。一方、保育所では、担任はクラスの一員としてA君を捉えているため、「友だちと遊ばない」、「友だちの気持ちがわからない」など、社会性に課題があると心配します。しかし、母親はそのようなA君の姿を家庭で見る機会が少なく、担任の心配を理解できません。その差は大きいものがあります。同じ条件、場面で評価していないので、それぞれの思いがかみ合わないのです。そのうえ、定型発達からずれていることを認めたくない気持ちは、どの母親にもあるでしょう。

このような場合、保育者と母親の2人の間に入って客観的に解釈を加える第三者の存在が重要になってきます。

- 保育者と保護者は子どもの観察点が異なる。気になる点が違う。とくに家庭では社会性の課題が見えにくい。
- 保育者は集団で子どもを観察し、保育している。保育指針などに則り、養護や教育をその年齢のねらいに照らし合わせて保育内容を吟味し展開している。3歳児以上のクラスでは集団行動が増える。そのことによって、担任は子ども同士の発達の差を観察する機会が増える。
- 気になる行動に対して保護者に伝えることが多いが、担任に発達支援の知識やスキルがあれば、保育中に気になる行動を軽減することができる（後述するCLM方式の保育で解決できる）。

②早期受診に代わる方法

その一方で、1歳2か月くらいの子どもの保護者がことばやその他の発達が心配で、育児本やインターネットからの情報を携え、早期に受診したがることもあります。以前に比べて受診年齢が低くなっていると聞きます。しかし、三重県のように、受診したくても専門機関の初診には数年もかかることがあります。このようなこともあり、三重県では各自治体に、保健師・保育士・教員らの専門性の高い職員を配した発達支援室の相談窓口（ワンストップサービス）を設けていて、そこで対応するようにしています。

まずは保護者の相談を受け、悩みに対する対応をします。子どもが未就園児であれば子育て支援センターなどと連携を図って、子どもの育てをサポートすることになります。就園していれば、保育所に出向いて、「CLMと個別の指導計画」を担任とともに実践し、子どもの発達課題を解決する保育を提案します。ちなみに、「はじめに」でも紹介したように、三重県では2005年から自治体のしくみづくり、自治体職員の専門研修、「CLMと個別の指導計画」に

よる早期支援を、県の施策として推進しています。

◆**保育者や教師などの支援技術に課題があると……**
①**担当者に専門性が必要**
　1歳半健診などを担っている保健師、保育所や幼稚園などの保育者、小・中学校教員などに発達支援の知識や技術が少ないと、子どもを目の前にしたとき、問題行動ばかりに目を奪われてしまうことがあります。そしてどのように支援すればよいかがわからないと、保護者をとおし、受診によってアドバイスをもらってから支援をスタートしようとします。適切な支援をしないこの期間が長いと、そのぶん不適応行動が増悪し、「障害」にいたることがあります。

②**支援者の数ではなく支援の質が求められる**
　子どもの担任である保育者や教師らのアセスメント力や支援技術力に課題があると、叱ったり、注意したりすることが多くなります。そのことによって子どもの自己肯定感が低落し、加えて担任との信頼関係が構築されず、さらなる問題行動を引き起こす悪循環に陥ることもあります。するとクラス全体の平和、安心が保たれず、他の子どもたちへの悪影響も増し、学級崩壊に突入することにもなりかねません。保育室や教室から出て行く、物を壊すなどが増えると、それに対応するための人員の要求につながることもまれではありません。
　保育、教育の現場から年度途中でも「加配先生をつけてください」、「支援員さんをつけてください」といった人員要求はよく聞く話です。近年、このように担任以外の人員要求が増え、予算および人員確保の面で保育行政、教育行政を悩ませています。しかし、「人はつけたが問題行動はおさまらない」との相談が入ることがあります。点検してみると、アセスメント、要因分析、支援方法などがその子に合っていないことに気づかされます。あらためて支援の質の重要性を思うときです。

◆**目利きと腕利きが求められる**
　子どもの身近にいる直接支援者（保育、教育の担任）が、子どもの発達についての理解や適切なアセスメントと支援が早期にできれば、問題行動は発現しません。またクラスで炎上問題も起きないでしょう。
　問題行動が起きる前に、子どもの発達課題を見つけ、適切な支援が担任の手で行われれば、問題行動の予防、軽減、そしてその子なりの成長が図られます。
　そのためには、クラス運営（環境の整え、クラス全体のわかりやすい保育・教育、個別のニーズ）のアセスメントと、それを解決できる力が担任に求められます。それをバックアップするのが、レクチャー3（p.93～）で詳述する「CLMと個別の指導計画」です。このツールを使うだけで、担任は発達的観点からの保育力・教育力を身につけることができます。

4　気になる行動と支援

2 3つの観点で考える

- 3つの観点から子どもの発達をサポートする。
  ①問題行動を発現させてしまわないために（環境の整え）。
  ②他児と同じ活動に参加できるような工夫が大事（誰もがわかりやすい保育）。
  ③子どもが楽しいと思える保育を提供する（合理的配慮の考えかた）。

◆問題行動を発現させてしまわないために（環境の整え）

　気になる子の巡回指導に行くと、子どもが困っていることに担任が気づいていないと思われる光景を目にします。

事例① 手順表がない折り紙の時間

- 折り紙をするとき、順番に折ればその作品ができあがる"手順表"が準備されておらず、「折り紙を三角に折ります」と口頭指示で進めているような場面に遭遇する。
- クラスの子どもたちもどのように折ってよいかがわからず、まごまごしている。
- A君は隣の子の真似をして折ろうとするが、そのときには隣の子は次の工程を折っていて、どうしてよいかわからない。
- A君は結局折りかたがわからず、折り紙をグチャグチャにして最後まで折り紙を完成できない姿が見られる。

事例② 黙っているべき？ 喋るべき？

- 朝の会の場面では、担任が「今から今日することを話します。先生がお話ししている間は黙って聞きましょう」と言って朝の会をはじめる。しかし"しずかにききましょう"、"しーっ"、などの絵カードは示されなかった。
- 担任は「今日はお庭でドッジボールをします。ドッジボールは先週もしたのでルールはわかっているね。どんなルールだった？」とクラスのみんなに問いかけた。
- 子どもたちは先生がお話ししている間、喋ってはいけないと思っているのでみんな黙っている。すると、B君が突然「ボールを投げるとき、線から出ない」と言った。
- 担任は「先生がお話ししている間は黙っていましょうと言ったのに、B君はいつも喋り出すね。喋ってはいけません」と注意をする。B君は「いつもぼくばっかり」と言って保育室から飛び出して行った。

このような光景は珍しいことではありません。ここから言えることは、折り紙の例にあるように、子どもの苦手なことに配慮せず保育を進めていくと、問題行動の誘発につながるということもあります。また、朝の会のように、はじめに担任が「黙って聞きましょう」と子どもに求めたことを忘れ、「どんなルールだった？」と発言を促すような問いかけをし、その問いかけに乗って発言してしまってB君が叱られるというダブルバインド（p.9 参照）な構図も見受けられます。"しずかにしましょう"の絵カード（p.108 参照）が掲示してあれば、担任も途中で気づいたかもしれません。

"問題行動"と考える前に

一方で、担任からは「非定型発達ですか？　個性ですか？　どう考えたらよいでしょうか？」といった質問があります。たとえばC君が毎日同じ赤い車の玩具で遊んでいるので、ASDではないかと心配しての質問だったりしますが、このようなとき、「"遊び込む時期"ではないですか？　遊びかたを知らないのではないですか？」と筆者は聞き返します。遊び込む時期であれば、一定期間で通過していくでしょう。また、C君が遊びかたを知らない場合、担任が駐車場や高速道路や橋をつくって遊ばせることで、遊びが発展していくようすが見られるのであれば、「それを見守って遊ばせましょう」と伝えます。さらに、赤い車以外で遊ばないのであれば、他の玩具やゲームを使って遊びを知らせ、広げていく方法もあります。自由遊びのとき、フラフラしていて何も遊ばない子を観察すると、その子に合った玩具や物が保育室にないことに気づきます。

切り替えが苦手なD君は「お部屋に入りましょう」と言うだけでは保育室に入りません。そこで担任は次の行動に見通しが持てたり、楽しみがあったら入れるようになるかもしれないと考え、"きゅうしょく"の絵カードを見せて「D君、お部屋に入ったら、次は大好きな給食だよ。D君の好きなご飯が待ってるよ」と伝えました。次にすること楽しみなことを絵カードなどで予告すると、切り替えが早くなる子もいます。

このように、手順表や絵カードは、子どもが理解して取り組みやすくなります。また、保育室には、それぞれの子どもの興味、発達レベルに応じた玩具などを準備し、園庭遊びから、室内遊びに切り替えられるような環境にすることも考えてみましょう。

◆他児と同じ活動に参加できるような工夫が大事（誰もがわかりやすい保育）

保育者が保育の課題や内容を考えるとき、それぞれの発達レベルが異なることを意識して、子どもたちに体験させることが大事です。

たとえば、園庭にある大型遊具を活用した「体づくりサーキット」では、次ページに示すように種目ごとの工夫ができます。

自分ができることをして、みんなで最後までサーキットをしようと話すと、ブランコがこげ

4　気になる行動と支援

テーマ：体づくりサーキット	
ねらい：自分のできることにチャレンジする	
種目	
ブランコ	①10 数える間、こがずに座る　②10 回、座りこぎをする ③10 回、立ちこぎをする
ジャングルジム	①入口から入って下をくぐって出口に出る ②登ったり降りたりする
鉄棒	①ぶら下がる　②豚の丸焼きをする　③つばめをする ④逆上がりをする

ない、ジャングルジムが登れない、逆上がりができない子も心の負担がなく参加できます。できる・できないではなく、活動に参加、チャレンジすることを大切にしましょう。

　また、絵が描けない子には、「自分で好きなように描いてもいいよ」、「先生が点線を引いておくのでそれをなぞって描いてもいいよ」、「クラスのみんなで絵描き歌を歌いながら描こうね」などと、いろいろな方法で参加を促すこともできます。

◆子どもが楽しいと思える保育を提供する（合理的配慮の考えかた）

　p.26 の事例で見た A 君のように、折り紙のとき、折りかたがわからないことや先生の見本のスピードについていけないことがあっても、あるいは B 君のように、喋ってはいけないと言われているのに衝動的に思いついたことを言ってしまう特性があっても、担任の保育のしかたで問題行動は予防できます。たびたび言っていますが、子どもはそれぞれ得意、苦手があり、発達のスピードも異なります。この場合、A 君が他児と同じような活動ができ、結果が出せる配慮（手順表の作成などの合理的配慮）を工夫する必要があるのです。

事例　手順表と、子どものスピードに合わせた折り紙の時間

・手順表を作成し、A 君がよく見えるような位置に貼り、「点と点を合わせて三角を折ります」とあらかじめ折り紙に点を 2 つ書いておく。

・折りかたを見せながら 1 指示 1 工程で A 君のスピードも見きわめながら作業を進める。

・「みんなカブトムシ折れたね。後ろの壁に貼りましょう」、「A 君も素敵に折れたね」と、成功体験をクラスのみんなと共有し、褒められるようにする。

・このように子どもが苦にならず、「今日も、保育所、楽しかった」と思えるように、日々の活動を担任がいろいろ工夫することを大切にしたい。

　発達支援は、子どもの困っていること（できないこと）に対して、"なぜできないのか？"、"どうすればできるのか？"を適切にアセスメントし、その活動をクラスのみんなと一緒にできるようにするには"どのような手助けをすればよいか"を考えることからスタートするとよ

いでしょう。保育所、幼稚園などは「折り紙は難しいけど、今日はみんなと一緒に折れて、後ろに飾ってもらった。うれしかった」と新しいことを体験する場でもあり、玩具の貸し借りの「貸して」、「いいよ」や、遊びに「入れて」、「一緒にしよう」など、コミュニケーションや社会性を育み、成長する場でもあります。

　園では、年齢相当の発達課題を適切に体験できる配慮をしつつ、園生活が楽しく過ごせるような提供ができる担任の知識や技術が求められています。そして子どもの発達アセスメントができ、発達課題を確認し必要な配慮ができれば、問題行動の発現にはつながりません。大切なのは子どもが毎日通い、育つところ（保育所、学校など）での発達支援であり、日々のよい体験が将来の育ちにつながっていくのです。

- まずは適切にアセスメントし、どのような手助けをすればよいかを考える。
- 気になる行動が発現する要素をいくつか考えて、それを解決する支援を組み立てる。
- 子どもにとって、今日の成功体験が、明日へ、そして将来につながる。
- 幼児期の支援は、診断よりも、その子の特徴を捉えた早期支援を大切に。

3　個性的に育てる

- 保育、教育はすべての子どもを「定型発達児」に育てることではない。
    - 人は年齢、興味関心、認知力（ちえ）の向上などにより一生涯発達、変化する。特性、個性は一生続く（例：こだわり内容は変化するが、なくならない）。
    - 日常生活のなかで、特性、個性とうまくつき合う方法を教える。問題行動は、苦手なところ（凹）、特性の濃いところに適切な手立てをして育てていけば予防できる。
    - 子どもが日常生活で困っている発達課題を見つけ、早期対応する。
    - 保育者、教育者の「目利き力」、「腕利き力」が求められる。
- 個性的な子をどのように育てるか？
    - 個性的だけれど（すべての行動が同年代の同性と同じようにはできないけれど）その子なりの発達（たとえば1学期との差）と自己肯定感が向上し、各ライフ・ステージで社会参加できる支援をめざす。

◆ふつうって何？

　発達の遅れや凸凹（p.15参照）を考えるとき、「ふつうって何？」という疑問が出てくるでしょう。「ふつう（普通）」をネットの辞書などで引いてみると、「とくに変わっていないこと。ごくありふれた。一般。平均的」等々、とあります。「ふつう」は年齢にも関係してくること

なので、「その年齢における平均」を取ることで、その「ふつう」の幅を表現するのかもしれません。身長でたとえれば、4歳の平均は○センチ、7歳は○＋△センチ、13歳は○＋□センチ、のように。それぞれの子どもの身長は、当然平均からのずれが出てきますが、身長の場合は、「今は小さくても、大きくなったら伸びるよ、大丈夫」と言われることが多いと思います。「背の高さ」は幼児期から青年期までに、身長の伸びる時期がそれぞれ異なることがわかっています。「ただいま通過中」だと多くの人がわかっているからこそ、同年齢児と比較して少し小さくても「ふつうでない」と大騒ぎせずにいられるのかもしれません。

COLUMN ● 平均より高ければよいものでもないらしい

身長は平均より高ければよい、というものでもないらしい。群衆のなかで頭ひとつ出ている2メートルもあると、「高すぎ！　バスケの選手みたい！」などと、褒められているのか、けなされているのかわからない事態が起こります。とかく日本人は「平均」や「とくに他より変わっていないこと」、「一般的」が好きな民族であるとつくづく思います。

「足の速さ」では中学生男子の100メートル走の平均が○秒だから、みんな○秒で走りましょうとは言われません（陸上部でもない限り）。不思議です。「頑張って最後まで走り切りましょう」、「順位よりも自分の最大の力で最後まで頑張るのが素敵です」と言われるのです。

◆ふつうを求めるのではなく

知的発達全般がゆっくりな子、集中が途切れやすい子、衝動的に行動してしまう子、コミュニケーションが苦手な子、その場にあった社会的行動が苦手な子など、発達の凸凹があって得意とするところでは自己発揮するが、苦手なところでは反（非）社会的行動を取ってしまう子がいます。その子どもたちを「定型発達児（"ふつうの"子）」に育てるため、クラスみんなに同じ方法で指導しようとすると、問題行動を誘発させてしまう場合があることをこれまで見てきました。指導者には個々の子どもの特性にあった支援方法が求められます。

人はそれぞれ遺伝子レベルからはじまって、生まれてからは養育環境をベースに多くの刺激を受け、育っていきます。繰り返しになりますが、非定型発達児や気になる子だけが「ちょっと違う」のではなく、「みんな誰もがそれぞれ違う」からスタートしないといけません。そして生まれてからも発達、変化していく過程を見守りながら育んでいくことが大切です。身長・体重など、身体の成長は大きく変わっていきますが、発達特性はその年齢に見合った学習等によって行動の変化が見られることと、そうでないことが起こります。発達特性は本質的には大きくは変わらず、一生続くのです（「はじめに」のp.vで示したように、こだわり特性は変わらず、こだわる内容は変化していきます）。

幼児期には、そのような特性や個性を持った子どもに「ふつう」を求めるのではなく、日常（園）生活のなかで、その子の特性や個性とうまくつき合う方法を教えることが大事です。問題行動（二次障害）は、苦手なところ（凹）、特性の濃いところに何の支援もなく他の子どもと同じような結果を求めるときに発現します。それを予防するには、その子どもの発達課題を見つけ、適切な支援を継続することが有効となります。それに必要なスキルは「**担任の目利き力**（**見立て力・要因分析力**）・**腕利き力**（**支援力**）」です。

- 気になる子にクラスのみんなと同じことを体験させるためには、その子に見合った成功体験のできる合理的配慮が必要となる。
- そしてクラスのみんなと同じようにはできないけれど、その子がその子なりに成長し、自己肯定感が向上し、社会参加ができる支援をめざす。
- たとえば幼児期の場合、「ぼくは三輪車をこげないけど、先生に後ろから押してもらうと乗れる」〔他児と同じよう（平等）に三輪車体験ができる〕 ➡ やがて成長して「少しこげるようになった。練習もしたよ」 ➡ 「明日も保育所に行きたい」、「先生と三輪車で遊ぶのが楽しみ」と子どもが思える保育を提供してほしい。
- また、「今日はとび箱をします。3段、2段、1段のとび箱があります。どれをとんでもいいよ」と伝える。すると子どもは自分の力に合ったとび箱を選んで、参加できる。

4　従来の巡回指導でうまくいかない理由

- 対象児が同じでも、場面によって同じような質問を繰り返す。
- 対象児が変われば、同じ場面でも、同じようなことを質問する。
- 自分が努力していることや気持ちをわかってほしい。助言はもらったが実際は支援をしない。

　保育所や幼稚園などへの**巡回指導**は児童青年精神科医療・福祉施設勤務時代に多く経験しました。その手順は、事前に提出されたアセスメントシートや発達歴などに目をとおしてから園を訪問するというものです（前情報なく園を訪問して、助言をすることもありました）。

　園では担任や園長の困った子の話を聞き、自分なりにその子のアセスメントをし、発達課題を見きわめ、具体的に担任が支援する方法を口頭で伝えていました。しかし、この方法で担任に助言しても、数か月後や次年にも同じ対象児について巡回指導を依頼されることがあり、何度も同じような助言をすることが増えてきました。この時期、この方法では"焼け石に水"と限界を感じてもいました。そして、気になる子への助言や受診の要望は増え続けていったのです。

◆対象児が同じでも、場面によって同じような質問を繰り返す

事例　持ち物の片づけや準備ができないＡ君

・園では登園後、朝の持ち物片づけをしてから自由遊びに入ることになっている。Ａ君は「靴を上靴に履きかえる、タオルをかける、出席ノートにシールを貼る、かばんをロッカーに入れる」を担任から伝えられても、「とても時間がかかり、いつまでたってもできない」のが担任の悩みであった。

・観察の結果、Ａ君は、靴箱の上に置いてある虫かごの昆虫を見ていて、保育室に入ってこない。「昆虫は後から見ようね」と促され保育室に入る。その後、靴箱と反対側にあるトイレ横の手洗い場のタオルかけにタオルをかけに行くとき、片づけ終わった友だちの遊びを見ていて、「Ａ君、次はタオルだよ」と注意され、タオルをかけに行く。そしてさらに「保育室に戻ってシールを貼ろうね」と言われて、保育室の真ん中に置いてある机でノートに出席シールを貼っていた。

・Ａ君の持ち物の片づけが途切れる要因として、以下の２点が考えられる。

　　①興味のあるもの（昆虫、友だちの遊ぶ姿）を見ていて、集中が途切れる。

　　②集中が途切れ、すべきことの手順を忘れる。

・要因①②に対する支援：

　　①に対して、（ア）虫かごを靴箱の上から、他のところに移す（朝の支度の間だけでもよい）、（イ）壁側に準備をするコーナーをつくり（１か所でタオルをかける、出席ノートにシールを貼る）、片づけができる環境を整える（そうすると友だちの遊んでいる姿が見えないので、集中できる）（p.107参照）。

　　②に対して、（ウ）１か所で片づけができるコーナーに、手順カードを貼っておく。「このとおりにするといいよ」と、最初は担任が丁寧に教え、その後自主的にできるように支援する。

　このようなアドバイスで持ち物の片づけの場面は成功したとしても、次にも似たような質問がくることがあります。

　たとえば、先ほどのＡ君の担任から「『公園に行くので、水筒と帽子を持ってお庭に並びましょう』と言っても、ロッカーの近くに置いた昆虫をいつまでも見ていて準備をしないＡ君

に、どのような支援したらよいでしょうか？」との質問です。前回の「朝の持ち物片づけ」の支援はアドバイスどおりにしたとしても、昆虫が好きで集中が途切れる、すべきことの手順を忘れてしまうA君の発達や特性の見立てができないと、担任からの相談はこのように繰り返されます。

◆対象児が変われば、同じ場面でも、同じようなことを質問する

このA君の担任は同じクラスのBさんについても質問しています。

事例　登園後の自分の持ち物の片づけができないBさん

・「靴を上靴に履きかえる、タオルをかける、出席ノートにシールを貼る、かばんをロッカーに入れる」をすることになっている。

・しかし、Bさんは、靴を履きかえ保育室に入ると、すぐ友だちが遊んでいる姿を見たり、好きな絵本が絵本ボックスにあるかを確かめに行ったりして、朝の片づけをスタートしない。

・担任はそのたび後を追って、Bさんに注意し、一緒に片づける。そして、「いつまでもひとりでできないBさんにどのように支援すればいいでしょうか？」と相談される。

この担任の質問から、A君のときに学んだ内容〔興味のあるもの（Bさんの場合、友だちの遊ぶ姿、好きな絵本）を見ていて、集中が途切れる〕が生かされていないと筆者は気づきます。

◆自分が努力していることや気持ちをわかってほしい。助言はもらったが、実際は支援をしていない場合

担任は日々とても忙しく、子どもに対してこまごました世話、遊び、集団活動、給食、昼寝など、1日のスケジュールに沿って休む暇なく活動しています。また、保護者へのいろいろな対応もあり、本当に頭が下がります。そのようななか、気になる子の保育を考えたとき、ストレスでいっぱいになると思います。

巡回指導に出向くと「私の気持ちを聞いてほしい」との思いが強い担任に出会うことがあります。おそらく子どものことで悩むことが多いのでしょう。それをまずは労いたいと思います。

たとえば、「C君はブロック遊びが大好きで、一緒に遊んでいる友だちが使っているブロックのパーツを黙って取ってしまい、自分の組み立てに使うことがよくあります。取られた友だちは『C君、そのブロックぼくのだよ！』と言うと、突然C君はその友だちを蹴り、『ぼくのだもん』と言い張る。友だちも引いていないので、毎日蹴ったり叩いたりのトラブルになって困っています」と。このような相談です。そして「トラブルになった子どもたちの保護者対応に追われて、大変です」、「そのことを考え、夜も眠れないです」と話されます。筆者は担任の話を傾聴し、問題解決のアドバイスを丁寧に伝えてその日は終わります。

4　気になる行動と支援　**33**

しかし、しばらくすると、また同じ担任からC君の相談が入ります。そのとき、「前にお伝えした支援をしていただきましたか?」と聞くと、助言した支援は実施されていなくて、トラブルが継続していました。このことは、巡回相談時に、担任が自分の思いを聞いてもらえたことで終わっているように思います。担任の思いを受けとめながら継続支援をしたいものです。

5　担任を専門家に

- 「魚をもらうな、釣りかたを覚えよ」(支援方法を教えてもらうのではなく、自分で考え、支援計画を作成できるようになろう)。
- 「CLMと個別の指導計画」の活用によって、担任の目利き力(見立て力・要因分析力)、腕利き力(支援力)が向上する。
- 担任は保育(発達)の専門家である。「CLMと個別の指導計画」の活用は、発達支援の専門家の育成につながる。根拠のある支援を担任の手で行おう。

◆ 「魚をもらうな、釣りかたを覚えよ」

これはどこかで聞いたフレーズかもしれませんが、講演会でよく使わせてもらっています。現状の巡回指導は"専門家"に支援のしかたを教えてもらう方法が主流です。

前節では従来の巡回指導ではうまくいかないのはなぜか、その課題をあげてみました。一度の園訪問で、複数人の子どもの助言をして、それを担任に理解してもらうことは困難であると以前から気づいていました。そこで、このように考えてみました――「子どもの直接支援者である担任が専門家になればいいのではないか?」と。つまり担任の人材育成が必要との結論にいたったのです。

担任が子どもの「発達レベルやその特性などの見立て、気になる行動の要因分析、そしてそれに見合った支援ができる」。この説にもとづいて、児童青年精神科の発達療育、入院治療などの知識・技術を保育所などで活用できるツールとして「CLMと個別の指導計画」を作成し、保育者に指導しています。とくに講演会では、保育者の方に、以下のような伝えかたをしています。

・「担任は保育の専門家です」
・「それに少しの発達のエッセンスを振りまきましょう」
・「いつまでも巡回指導の専門家に頼るのではなく、担任が、保育のなかに発達のエッセンスを取り入れた早期支援ができるようになりましょう」
・「そのために使うツール(道具)は『CLMと個別の指導計画』です。このツールは、担任自身で子どものアセスメントができ、要因分析にもとづいた支援計画が立てられるように

なっています」

・「魚をもらう（支援方法を教えてもらう）のではなく、釣りかた（計画のつくりかた）を覚え
　よ、ですよ」

・「子どもの発達は保育のなかにありますから、マニュアルに沿って作成すれば誰でもでき
　ます」

　この「CLMと個別の指導計画」を使って早期支援をすることによって、子どもの問題行動
の予防、適応的な行動の育成につなげることができます。また、担任の保育力の向上にも貢献
しています。このように、保育者自身が発達支援と保育を同時に学べる方法が必要となるため、
三重県では県の施策としてすべての園に「CLMと個別の指導計画」の導入、推進を図っていま
す。

◆根拠のある支援を担任の手で

　昨今、「構造化」や「視覚支援カード」、「ソーシャル・スキル・トレーニング（Social
Skills Training：SST）」など、医療、療育、特別支援教育で使う用語が、保育現場でもよく
聞かれるようになりました。多くの職種が研修を受けているようです。保育者自身もさまざま
な研修を受けて導入することもあると思います。

　一方で、「視覚支援カードをつくったのですが、効果がありません」との質問がくることが
あります。よく聞いてみると、子どもの認知発達レベルとカードに描（書）かれている内容が
合っていません。子どもの見立てができていないとこのようなことが起こるのです。

　そこで、「保育現場で担任が、子どもの発達レベル、問題行動の要因分析、要因を解決する
根拠のある支援方法を学べ、実践し、解決できる方法は？」と考え、「CLMと個別の指導計
画」の開発にいたりました。

　「CLMと個別の指導計画」はチェックリストと支援が一体になったものです。チェックリ
ストは、発達に課題のある子どもたちの言動を予測したものと、保育者の現場での声をミック
スした項目になっています。担任自身で毎日見られる子どもの行動にチェックをし、そのエピ
ソードを書き、要因分析を行い、要因にもとづく支援方法を組み立てる。気になる子を個別に
取り上げるのではなく、クラスのみんなと育ち合うクラスづくりを軸として、環境の見直しや
保育方法の点検ができます。また子どもたちと担任の成功体験がクラス全体の底上げにもなっ
ていきます（p.95 保育指針と「CLMと個別の指導計画」）。

4　気になる行動と支援

6 気になる行動には理由がある ～要因を把握～

- わかっているのにやらないのか？　わからないからやれないのか？
- 認知・行動の特徴や特性など。
    - 視覚、聴覚、触覚などによる理解。
    - 視覚、聴覚、視覚・運動などによる記憶。
    - 短期記憶、長期記憶、複数の記憶。
    - ボディイメージ、位置（空間）関係。
    - 集中が途切れる、よく動く、衝動性が高い、不器用、こだわりがある、コミュニケーションの取りかたがわからない、表現のしかたがわからない、過敏性がある。
- 自己評価　➡　一番になれないなら参加しない、絵がうまく描けないなど、自己採点が厳しい、自信のない活動には参加しない。
- 愛着：認められたい　➡　過剰な甘えと攻撃、よくない行動で気を引く。
- 変化に弱くパターンに強い　➡　在籍機関・キーパーソン・支援方法などの変更、家族関係の変化。
- 気になる行動のデータ収集（2週間）　➡　分析　➡　支援計画　➡　実行　➡　評価。

　担任と一緒にクラス全体の子どもと気になる子のアセスメントをします。たとえば「いつもA君が気になります」と担任から話が出ます。このとき、「A君の行動にはそれなりの"わけ"があるから、まずはその要因を把握してから支援をはじめましょう」と担任に伝えます。忙しい日常で担任は、子どもたちをざっくりと観察することが多いと思います。そこで、担任に、「A君が、（ア）そのクラスのほとんどの子どもがしないことをする、あるいは、（イ）クラスのほとんどの子どもがすることをしないと感じていることはどのようなことですか？」と質問します。すると担任は日々の生活からA君と他の子との違いを語ってくれます。担任の目利き力はこのあたりからわかります。次に、いつもA君のことが気になることについて、（ウ）どの場面で何時ごろ、どのような行動が、どのように気になるのか？　を探り当てる作業になります。

◆わかっているのにやらないのか？　わからないからやれないのか？

　まず、最初に、そのことをわかっているのにやらないのか？　わからないからやれないのか？　について考えてみましょう。園生活では子どもの自主活動を推進しながらも、生活スキルなどを教える必要があり、担任は指示を出すことも多いと思います。

　たとえば、「今から給食準備です。トイレに行って、手洗いして、お箸セットを出しましょ

う」などは、日常的に行われています。このような指示に対して、指示どおりに行動する子と
しない子がいます。この場合、担任が指示したことが、「わかっているのにやらないのか、わ
からないからやれないのか」をまず見きわめることが必要です。ここでの子どもの見立ては、
「担任の先生に言われたことはしないといけない、と子どもたちは思っている。よって先生の
指示には応えたいと思い、ほとんどの子どもはそのように行動する」となります。では、しな
い子はどうしてしないのか？　ひとつは先生が言っていることが理解できない、覚えていられ
ないなどが考えられます。

　幼児は大人に依存し、頼りながら毎日生活しています。「歯磨きができるようになったね」、
「ズボンがひとりで履けるようになったね」などの生活習慣や、「ブロックで車がつくれるよう
になったね」、「友だちと仲良く遊べるようになったね」などと、遊びや対人関係について、家
庭では保護者、園では担任など、身近な大人に褒められ、認められ、成長していきます。そし
て次第に自信を持つようになります。「できた！」などの成功体験を積み上げていくと、自己
肯定感や共感性、信頼関係が育まれ、発達の好循環となっていくのです。

　このように、幼児は家庭では保護者、園では担任に認められたいと思う気持ちを一般的に
持っていると考えられます。それを前提に保育場面で担任自身が、気になる行動の背景にある
要因をアセスメントできるのではないでしょうか。時々遭遇する保育場面を取り上げてみま
しょう。

事例　3つの物を持ってくる

・年長児クラスで「今から自分のロッカーに行って、ハサミとのりとクレパスを持ってきてください」
　と担任が子どもたちに伝えた。すると、ほとんどの子どもは指示された物を3つとも持ってきた。
　しかし、A君、B君、C君はロッカーの前に立っていて困っているよう。

・この場合、どのように考えればよいだろうか。

・3人とも担任が指示したことには応じたいと思っている。そこで、担任は指示した方法では3人と
　もわからないからやれないのかもしれないと考え、ヒント（手がかり）を次のように出した。

・【ヒント1】　ハサミ・のり・クレパスを描いた絵カードをチラッと見せ、「ここに描いてあるもの
　を持ってきて」と言い、そのカードを机に裏向けて置いた。

・A君はその絵を見て3つとも持ってきた（聞くだけではわからなかったが、見ればわかるようだっ
　た）。「百聞は一見に如かず」とも言われるが、人は聞いて理解するより見たほうが理解がしやすい
　と言われている。余談だが、試してみてもよいと思われる実験がある。ラジオで野球やサッカーの
　実況を聞く場合と、消音してテレビで試合を見る場合とでは、どちらがわかりやすいか、である。
　試してみると自分の得意と苦手がわかる。

・B君はハサミだけ持ってきた（チラッとカードを見ただけでは、3つを一度に把握できない、ある
　いは見ても複数の記憶ができないようだった）。しかし、C君はカードを見るだけのヒント（手がか

4　気になる行動と支援

り）では何も持ってこなかった。
- **【ヒント2】** 次に担任は絵カードを子どもたちがよく見えるところに貼った。
- すると、C君は貼られた絵カードをジーっと見て、ハサミ・のり・クレパスをお道具箱から取り出し、カードの絵とマッチングするしぐさをして持ってきた。聞いただけではわからない、チラッと見ただけでは覚えていられない、3つも記憶するのが難しい。または、記憶の保持が難しいなどが考えられる。

- 担任の指示に応じない（と思われる）子どもは、「何に困っているのだろう」と保育でアセスメントすることが可能であり、さらに見きわめたい場合は、要素別に焦点化した場面を設定し、アセスメントすることができる。
- 人は聴覚、視覚、触覚、嗅覚、味覚などをとおして外界からの刺激を受け、情報処理し、考えたり行動している。

◆認知・行動の特徴や特性

①聴覚をとおした理解

聞くだけで、理解し、行動できるかどうか？　これには、聞いた物がわかり、行動が具体的にイメージできなければなりません。また、行動しているうちに忘れない能力も求められます。

初期のことばを獲得中の子どものアセスメントをしてみます。たとえば、ことばとして「タオル」と発することはできないけれども、「A君のタオル持ってきて」と言われたらタオルを持ってくることができる、を分解してみましょう。

（1）A君のタオル　➡　自分はA君であることがわかる。そして自分のタオルがわかる。
（2）持ってきて　➡　先生のところに持っていくのだ、とわかる。指示者がわかる。
（3）上記（1）（2）を覚えていて、行動できる。

ざっくりと分解しただけでも、これだけの力が必要になってくるのです。

②視覚をとおした理解

聞いただけではわからない子も、実物や絵カードを見ればわかる子もいます。しかし、知的にゆっくり発達している子は、見た絵カードと聞いた物の名前が同じだとわからず、求められた行動ができない場合もあります。

そもそも、見せられた物がその名前であることがわかること、言われている行動がどのように振る舞ったらよいのかがわかることで、担任からの指示に従うことができます。それらが揃わないと担任の求めに応じられないのです。

また、「絵カードを見せても効果がない」との質問を受ける場合は、その子の認知レベルと絵カードに描かれている内容が合っていないことから起こると推察できます（写真カード、絵カードについては p.66 も参照）。

③触覚をとおした理解

「今から物当てクイズをします」と子どもたちに伝えます。準備する物は、（1）中に何が入っているか見えない布袋または箱、（2）子どもが手で触ってわかる物2点を入れる。あらかじめ（1）の袋や箱のなかに（2）を入れておき、子どもに当てさせるクイズです。

触るだけでその物がわかるかどうか（触覚だけでイメージができ、その物の名前を言うことができるかどうか）のアセスメントになります。コップ、歯ブラシ、洗濯バサミ、おはじきなど、子どもが名前を知っている物を入れ、アセスメントします。ことばで伝えにくい子やヒントのいる子には、袋や箱に入れた物と同じ物を机に並べておき、「今触っている物はどれ？」と選ばせてもよいでしょう。子どもが楽しんで行えるようにするのがコツです。

④さまざまな特性

さらに子どもにはさまざまな特性があることを、知っておくとよいでしょう。いくつか例をあげてみましょう。

・集中が途切れる。刺激を拾ってしまう。
　　☆絵本を読んでいるかと思うと、ブロックで遊び出し、次にはごっこ遊びのところに行くなど、ひとつの遊びに集中せず、遊びを次々と変えている。
・すぐにしたい気持ちが強い。我慢ができない。衝動性が高い。
　　☆給食時の配膳でみんなが並んでいるとき、後から来ても前の子どもを抜かして一番前に並ぼうとする。
・不器用。目と手の協応動作が苦手。
　　☆制作活動のときにハサミで線に沿って切れない、折り紙で角を合わせて折るときに両手をうまく使えない、着がえのときにボタンやファスナーがはめられない、給食のときにお箸で食べると食べ物をポロポロと落とす。
・コミュニケーションが苦手。
　　☆友だちが使っている玩具を使いたいときや遊びに入れてほしいとき、「貸して」、「入れて」など、その年齢に見合った社会的な振る舞いができず、突然玩具を奪ったりしてトラブルになる。
・こだわりがあり、切りかえが苦手。
　　☆雨が降ってきたので、プール遊びの中止を伝えると泣き叫び、次の遊びをしない（ス

4　気になる行動と支援

ケジュールどおりにしたい。他の遊びより水遊びが好き）。
- 過敏性がある。
    - ☆服の素材やタグが気になり、いつも同じ服しか着られない。
    - ☆大きな音や赤ちゃんの声などが聞こえると耳をふさぐ。
- ことばの遅れがある。
    - ☆物がほしいとき、クレーンハンドや他児が使っている物を突然奪う。ことばで要求できず、すぐ行動化してしまう。
    - ☆しりとりができない。ことば集めができない。
- その年代に見合った物の形や文字の把握ができない。
    - ☆「形のクイズをします。まるい形の物に何がありますか」などに答えられない。
    - ☆担任の机に並べられたお便りから、自分の名前が書かれたお便りを選べない。

- 気になる子は、さまざまな領域で発達の差や偏り（認知能力、身体能力、行動特性、コミュニケーション、愛着など）が見られることがある。
- 担任は保育をとおして子どもが何に困っているか、また問題行動（気になる行動）にいたるプロセス（発生機序）を探ることが可能である。
- そのためには担任はどのようなことを観察したいか（観察ポイント）を意識し、その観察ポイントが見られる保育を展開するとわかりやすい。

◆自尊感情が低い

　自尊感情の低さが、気になる行動の背景に潜んでいることもあります。遺伝など、生まれながらにしてその特性（性格？）を有する子どももいます（「お父さんの小さいときとそっくり！」）が、育てられた環境や周囲の価値観が子どもの価値観に影響します。

　保護者が勝ち負けや一番にこだわると、子どもによってはその価値観に縛られることがあります。そして、自身が決めた目標どおりにうまくいかないとかんしゃくを起こし、いつまでも立ち直りにくいといった姿が見られます。

- 運動会のかけっこの練習で、一番になれないと次の練習には参加しない。
- 椅子取りゲームで、負けてくると部屋から飛び出したり、自分が勝てるようにルールの変更を主張したりする。
- クラスで絵を描くとき、うまく描けないと思うと、描かない。途中まで描いても友だちの絵と見比べ、画用紙を破る。

　負けるくらいならはじめからかけっこや集団活動には入らない。また、自分のめざす目標に

は到達できないかもしれないと予測がつく行動には、はじめから参加しない。そのような子どもがいます。おそらく、カッコ悪いとか自信がないなどの感情が**行動化**させているのでしょう。この場合、「一番にならなくても最後まで椅子取りゲームに参加して、友だちを応援することがカッコいい！」、「いろいろな描き（書き）かたがあるね。ユニーク賞、紹介！」など、勝敗のみにこだわらない担任の**価値観**を示すことが大切です。

　個性的な子どもを大事にする保護者や担任（身近な大人）の**受容態度**によって、気になる子が自分自身を認め、自信が持てるようにもなります。そして、クラスの子どもを受け入れ、やり取りも良好になっていきます。クラスの子どもたちも「A君は自分とは少し違っているけれど、クラスの友だちだ」と思えることが、いじめ発現の抑止になるのです。そのようなクラスで育った子どもは、自信を持ち、自分を大事にし、友だち同士も仲がよいものです。

事例① 　自己採点が厳しく、途中から絵が描けないA君

・ある保育所で、担任が「遊んでいる絵を描きましょう」とテーマを出した。

・子どもたちは一斉に描き出した。年長児A君は憧れのB君の横に座って描きはじめた。園庭で子どもたちが遊んでいるようすを描く、とのことだった。はじめにジャングルジム、鉄棒、雲梯と園庭にある遊具を描いた。次に人物を描き出したが、途中で何度も描き直している。大人から見れば十分に描けているのだが、「もうやめた」と途中で描かなくなった。

・担任は「いつもこのように人物を描くと途中でやめてしまうのです」とのことだった。

　憧れのB君はすでに描き終えて、担任からは「上手だね」、「早く描けたね」などと褒められています。担任の「上手だね」の基準がA君にとってはわかるのでしょう。そして、隣で描いているA君は担任から「上手だね」と言われなかったことも敏感にキャッチしているように思われました。

　このとき巡回相談員をしていた筆者には、おそらく担任はまだ描いている途中のA君にも描き終えたらそのように褒めてくれるのだろうと想像していました。しかし、担任から「上手」、「早い」の声かけや他の褒めことばもありませんでした。「B君のように描けない」とのA君の思いは、いつの間にか自己採点に向かい、自身の作品に厳しくなり、画用紙を破ったり、机の下にもぐったり、外に飛び出したりと行動化してしまったのではないでしょうか。

事例② 　自己の価値基準がつくれないC君

・何事も完璧にできるが、絵が描けないC君。年長児のC君は、登園の支度から降園の準備まで、すべきことは自ら進んでする。自由遊びの後の片づけや給食の後の片づけは、他児が気づかないことまで気を利かせて行う。そして、担任が指示したことは完璧にこなす。しかし、自由に絵を描いたり、自由に工作をしたりすることは苦手だった。手順があり、完成型が決まっている工作などは、

4　気になる行動と支援

みんなと同じ教材で同じようにつくることはできる。折り紙は工程どおりに折ればできるし、季節の貼り絵（たとえば10月お月見のテーマはお月様、お団子、ウサギが同じような配置で並んでいる）もつくれる。しかし、自身でイメージして構成を考えて、絵を描いたり、工作をしたりすることが苦手だった。

・「困ったときには手伝ってと言ってね」と担任はクラスのみんなに伝え、SOSを出せるような保育を心がけていた。しかし、C君は困ったときにSOSが出せない。表情から手伝ってほしいという気持ちはあるようだが、自己発信ができない。これがC君の課題であると担任が話していた。

・ある日、「遠足の絵を描きましょう」の課題が出た。C君の隣にはD君が座っていた。D君はイメージをすぐに行動に移せる子で、早速、公園の緑の草むらを描き、青と白の線が入ったバスを描いている。少し形は整いにくいが経験画としては十分わかる絵である。C君はD君の絵を時々見ていたが、クレパスを持ったままであった。

・下を向きながら時々きょろきょろしているC君の姿から、描けていないことを気にしているのではないか？　と思われた。クラスのなかには「先生、来てー」と担任にSOSを出す子が数名いた。SOSを出した子をモデルに、「このように先生を呼んでも、みんなの机の上のSOSカードを見せてもいいよ」とクラスのみんなに担任はSOSの出しかたをロールプレイで見せていた。個別には、C君に「困ったら先生にカードを見せてね」と伝えてあった。しかし、担任が机間巡視している間、C君は担任と目を合わせることはあったが、カードを出すことも絵を描くこともなくその時間が終わった。

　C君のこのような姿を担任は以前から気にしていました。今回の描画の課題の結果から「CLMと個別の指導計画」を活用したクラスみんなの支援、C君の支援を考え、検討会を実施しました。そこで担任は、まずC君が絵を描ける条件を考えることにしたのです。

　その設定場面は、C君が憧れている（認めている）E君の横に並んで座らせ、「自由に絵を描きましょう」という課題を出した、というものです。しかし、このときも自ら絵が描けず、終了の時間が迫ってきたときに、慌てて隣のE君の絵を真似して描きました。描かれている内容とその配置、使われた色など、2人の絵はほとんど同じものになっていたと、担任が言っていました。

　つまり、C君は手がかり（ヒント）があれば同じような絵を描ける力（能力）のあることが証明されました。そこで次に、担任はD君（C君の憧れではない：認めていない？）の横に並ばせましたが、D君の真似は一切せず、SOSも出しませんでした。

　この事実をC君の発達課題として捉え、要因分析のうえ、支援をしました。決められた課題を決まった方法で行い、みんなと同じ作品や行動ができることが、C君にとっては安心だったのです。しかし、想像力を働かせ、自由に考え、思いのまま行動したり、自由に遊んだり、作品をつくったりすることに自信が持てないC君に、担任はどのような支援をすべきか悩ん

でいました。このことは、求められている基準を示されないことによって起こってくるC君の課題です。

裏を返せば、担任からの基準が示されていないと、自己の価値基準がつくれず、自信を持って行動できないC君。決められたことは完璧にこなすが、自己の価値基準が定まらない（つくれない）C君は、自分から「今日はこれでいいや」などと決められないつらさを抱えているのではないかと推察されました。

2つの事例のA君とC君は「CLMと個別の指導計画」を活用したクラス全体で取り組んだ支援で、自己発揮でき、自己肯定感が持てるようになりました。とくにC君は自身より下に見ていたD君などを認めるようになり、困ったときには自らSOSが出せるようにもなりました。

- 勝ちが素晴らしい、負けは残念、一番にできる子が立派、何事も早いことがよい、これらの大人の価値観が、子どもの負け嫌いと相乗し、強化され、自尊感情が低落していく子がいることを知っておきたい。
- 勝敗や順位だけではなく、友だちと協力して、最後までやり遂げる姿をねらいにする保育も大切にしたい。
- 個性的な子どもに対する身近な大人の受容態度によっては、子どもの自尊感情が高くなったり、低くなったりすることを肝に銘じたい。

◆ 変化に弱く、パターンに強い

変化に弱いことも、支援をする際に検討すべき重要な要素です。

① クラスや担任が変わる

年度はじめは、園生活に慣れている子どもたちでも戸惑うことが多いものです。3歳児クラスから4歳児クラスへ、4歳児クラスから5歳児クラスへと学年が上がると、今まで過ごしていた保育室から別の保育室へと変わり、室内では、机や玩具などの置き場所も変化することが多いと思います。また、担任が交替すると、クラスルールが変わったり、支援方法が変わったりして、いつもどおりにしたい子はパニックになることもあります。たとえば絵カードなどで支援をされていた子どもが、前担任から新担任へと絵カードが引きつがれず、口頭指示で支援したところ、泣きわめき、新担任が困ったというエピソードがありました。

② 在籍機関が変わる

保育所・幼稚園などから就学するときには、さらに大きな変化が待ち受けています。小学校は、体育館や音楽室といったいろいろな教室や場所があり、園に比べて空間が広く、クラスの

人数も多く、1年生から6年生まで揃うと校内全体の集団規模はとても大きくなります。そして、スケジュールに沿った45分の学習時間が続きます。園での活動は生活と遊びが主な内容でしたが、入学すると「学習」が主で、しかも遊びの時間はとても少なくなります。この変化は気になる子だけではなく、どの子も戸惑います。

また、保育所・幼稚園から小学校へ、小学校から中学校へと在籍機関が変わるときには、意識して「**切れ目のない支援**」、「**途切れのない発達支援**」を具体的に実行できることが大切です。丁寧な引きつぎのひとつの例を次に示してみたいと思います。

事例　A君のバトンタッチ式

・20XX年4月1日、ある幼稚園で、小学校の特別支援学級の担任が決まったとき、「新旧　担任バトンタッチ式（引きつぎ会）」を行った。参加者はA君、母親、幼稚園の元担任、特別支援学級の新担任、校長である。場所は校長室。A君の前で、「先生が替わります」と担任同士がハイタッチと握手で交替することをA君に知らせた。

・「絵カードとチャレンジシールは新しい先生に渡しておきます」と、A君の目の前で元担任が絵カードとシールを渡す。新担任は「先生の名前は○○です。A君よろしく」とA君と母親にハイタッチをした。新担任は自身の写真をA君に渡しながら「春休み中に先生の顔覚えてね」と伝えた。

当時、このような引きつぎ会をすることはほとんどありませんでした。A君は"特別なケース"と考えられていたのです。しかし、変化に弱く、不安定になりやすい子にはこのような「切れ目のない引きつぎ」が必要ではないでしょうか。

＊　＊　＊

さてここまで、「気になる行動には理由がある」として、多様な観点から探りを入れる方法を述べてきました。これらの方法をぜひとも試してほしいと思いますが、もちろんそれだけでは行動の背景にある要因がわかりにくいというケースも出てきます。その場合には一定期間観察し、要因を分析すると、気になる行動の背景がわかることがあります。その具体例と問いかけを以下に示して、レクチャー1「気になる子の姿と支援について」を終えることとしましょう。

子どもの問題行動の要因分析をするための方法として、2週間程度の観察記録を取ることはとても有用です。たとえばトラブルの多いT君の例（**表2**）を見てみます。

表の左側には登園から降園までのスケジュールを、上部には時間、場面、対象、起こした行動、要因と思われることを1日1枚ずつ記入していきます。このように2週間（土日を除い

表2　暴力行動観察チェック表　　　　　　　　　　　　　　　○月○日（○）　天候（晴れ）名前（　T　）（5歳児）

スケジュール	時間	場面	対象	起こした行動	要因と思われること	備考
登園						
自由遊び	9：20	滑り台をしているとき	B	順番を守らず、Bに「ずるい」と言われ、Bを叩いた。	・順番を守ることの理解ができない。 ・すぐに滑りたい（待てない）。	・クラス全体とTに順番を守るルールを知らせる。 ・友だちを叩かない、押さない約束。
一斉活動	10：00	←―――――――――問題なし―――――――――→				
給食	12：10	トイレで順番を待っているとき	C	後から来て一番前に並んだ。そのときCを押した。	・順番を守ることの理解ができない。 ・すぐにしたい（待てない）。	同上
お昼寝 おやつ 自由遊び 降園準備 降園	15：40	ブロックで遊んでいるとき	E	Eが使っているブロックを取った。	・物を借りるときの約束がわからない。 ・物を借りるときの言いかたがわからない。	物を借りるときの約束「貸して」、「いいよ」はクラス全体やTが理解しているか確認する。
わかったこと	自由時間に多い	・並んで待つとき ・遊んでいるとき	誰でも	叩く、押す、取る	・順番が守れない。 ・待てない。 ・コミュニケーションの取りかたがわからない。	・ルールや約束の理解ができていない。 ・衝動行動を取り、我慢ができない。

レクチャー
1

レクチャー
2

レクチャー
3

て10日間）の記録を取ると、要因がより整理されて、実効性のある計画を立てることができるようになります。

　では、ここに示したある日のT君の観察チェックの表を見て、その行動の背景にある要因は何だと思いますか。考えてみてください。

4　気になる行動と支援　　45

長期目標と
途切れのない発達支援のために

1

障害があってもなくても生きる力を育みたい

1 自立するにあたって、めざすところ

- 目標「自分の持てる強い能力を生かし、弱いところは適切な援助のもと（助けてもらいながら）社会参加できる」は、障害の有無にかかわらず人として共通である。
- 保育者は、乳幼児期からはじまる「途切れのない発達支援」のスタートランナーである。

◆**生きる力を育てるのは人として共通である**

　子育て中、子どもの自立について考えない保護者はいないと思います。そして、支援者も成長した姿を想像しながら現在の支援を考えます。保育所・幼稚園は保護者と二人三脚で幼児期の養育や教育を担っていくところです。目覚ましく発達する幼児期の育ちを受け持つ保育者は、乳幼児期からはじまる「途切れのない発達支援」のスタートランナーであることを意識したい。

　自立するにあたって、めざすところは「**自分の持てる強い能力を生かし、弱いところは適切な援助のもと（助けてもらいながら）社会参加できる**」というものです。この目標は、障害の有無にかかわらず人として共通です。

　人はすべての能力や特性が同じではありません。たとえば、同じ年に生まれた同性が、身長や体重が同じわけではないし、100メートルを走るタイムも同じではありません。もちろん学ぶ力が同じでもありません。人はそれぞれ違う。みんな個性的です。そのようなことは、誰しも一般論としてはわかっているのですが、保育、教育現場の担任ともなると、心配もヒトシオなのです。「年長さんになったら物を片づけられるはず」、「友だちと交替して物を使えるはず」、「1年生の終わりには五十音の聴写ができるはず」、「友だちの気持ちがわかるはず」、「5年生になったら友だちとグループを組んで自主的に意見を出し、まとめられるはず」などと、定型発達児の平均スケールを持ち出して、知的能力や社会性の発達などにチェックを入れるこ

とが多いように思います。しかし、それをどのように保育、教育に生かせばよいかと担任は悩んでいるのです。

COLUMN ● 人はみんな個性的

人はみんな知的、身体的、精神的、社会的能力や特徴が違っていて、個性的です。そして、人には誰でも多少の得意や苦手があり、興味関心の違いも、将来の職業や生きかたに影響しています。

たとえば、ある音楽家 A さんは、素晴らしい曲をたくさん世に送り出している（得意：凸）が、友だちとのつき合いはせず（苦手：凹）、ひとりでいることを好みます（人に合わせるのが嫌とのこと）。また、あるサッカー選手 B さんは、天才的なパフォーマンスでプロ選手（得意：凸）になりましたが、小学生のころより文字を読むのが苦手で、契約書などが読めない（苦手：凹）。そのようなときには、マネージャーに読んでもらって内容を理解するといいます。

天才的な高い能力（凸）を生かして活躍する一方で、苦手な深い谷（凹）を有する人もいます。

事例① 集中できにくい C 君

・物事に集中ができにくい小学校 1 年生 C 君。担任が話しているとき、関心のないことにはうわの空、ボーッとしている。

・担任から「C 君はまた聞いていないね。いつもダメだね。ちゃんと聞きましょう」と注意されたり、叱られたりしている。そこで叱られずに先生の顔に注意を向ける方法を提案した。このようなタイプに対する担任の対応方法のひとつとして、話をしながら注意喚起のスズを鳴らしてみた。すると、C 君だけでなくその他の集中が途切れるクラスメートも担任の話に着目するようになった。

・他には、C 君が関心を持てるような授業展開をする、45 分授業を 15 分くらいずつ 3 つに区切ってテンポのよい授業をする、途中にお楽しみタイム（クイズや指遊びなど）を入れる工夫をする。

事例② 読み書きが苦手な D 君

・演技がうまく、ひょうきんな小学校 3 年生 D 君。スポーツも好きで、友だちも多く、優しい性格。しかし、「読む」と「書く」に苦手意識を持っていた。ひらがなは何とか読めるが、たどたどしい。文字を書くことはもっと苦手意識を持っていた。

・ある日、担任が「学習発表会で劇をすることになりました。クラスのみんなで役割を決めた台本を渡しますので、自分のセリフを読んで覚えましょう」と言った。

・それを聞いた D 君は元気なく、しょんぼりしていた。D 君が読めないことを知っていた担任はあらかじめ D 君のセリフを読み上げて、ボイスレコーダーに入れておいた。D 君にはボイスレコーダーから流れるセリフを覚えるようにと伝え、D 君はそのとおりにした。もともと演技は大得意なので、みんなと楽しく発表会に参加できた。

1　障害があってもなくても生きる力を育みたい

このように苦手なところは、人に援助してもらってみんなと一緒に活動できるようにするとよいでしょう。D君の場合は、「自分の持てる強い能力（演技がうまい、友だちとも仲良し）を生かし、弱いところ（読めない、書けない）は適切な援助（ボイスレコーダー）のもと、社会（学校生活）参加できる」を目標（ねらい）にすることができました。

2　完璧をめざさない

- ●人生をほどほどに楽しむ。完璧をめざさない。自分の特性（性格）を知る。
- ●多様な価値観を幼いときから伝えることも大事。

幼児期には集団活動で自分が一番でないとかんしゃくを起こす子どもがいます。たとえば、椅子取りゲームをしていて、椅子に座れず、アウト（応援）席に行くことになったとき、泣き叫んで座らず、保育室から飛び出してしまう。このタイプの子どもは就学すると、いろいろな一番や 100 点満点にこだわることがあります。

事例①　100 点にこだわる A 君

- ・小学校 3 年生 A 君は 100 点にこだわる子。間違ったところに担任が赤ペンを入れると、プリントを破ったりする。その後も「100 点が取れなかった」といつまでも叫んでいる。
- ・そこで担任は A 君を呼んで話をした。「A 君は 100 点が取れないとプリントを破ってしまうよね」と特性（性格）を知らせた。「テストは家の人に見てほしいので、先生はプリントの返しを今度からお母さんに渡そうかと思うよ」、「今から言うことをよく聞いて先生と約束しましょう。① 100 点でなくてもプリントは破らず、お母さんに見せる。② 100 点でなかったら破ってしまうかもしれないので先生がお母さんに渡す。どちらにする？」と本人に選択させた。プリントの返却は A 君が決めたように直接保護者に渡すことにした。

事例②　ASD の B 君

- ・ASD の B 君は、低学年では全教科それなりに高得点だったが、学年が上がるに従って、国語の作者や登場人物の心情（気持ち）のところで×がつき、悔しがった。
- ・中学生になった B 君は、ある日の国語のテストで 75 点だった。漢字は全部正解だった。やはり主人公の気持ちの読み取りで間違えた。
- ・B 君は自分の苦手を知っていて、担任も十分理解していた。「B 君、この 75 点は最大限努力して取れた点だよ。国語の気持ちの読み取りは苦手でも、漢字は全部覚えている。"気持ち"のところは先生と一緒にゆっくり学ぼう。数学のテストでは全部正解だったよ」と伝えた。
- ・担任は、B 君自身も気づいている特性に触れる機会を持った。このような対応をすることで、物事

を柔軟に考えられないB君の「どうせぼくはダメなんだ」との自己否定に起因する二次障害を抑止することができる。

「一番」や「早い」は競争社会においては大切なことかもしれません。子どもにもよりますが、"勝ち"にこだわる子は「かけっこで一番でないと気がすまない」し、「ドッジボールでは、勝ったチームが好き」です。"早い"にこだわる子は、「早く並んだ」、「早く食べた」、「プリントが早くできた」をめざします。"早くできた"はよいけれども、間違いの多いプリントはどうなるのかと思ってしまうのですが。

- 「一番」や「早い」は大人がことばにしている価値基準をそのまま取り入れてしまっているように思う。
- 「負けてもまた次挑戦しよう」、「早くなくても自分が満足する絵が描けた」、「負けたけど、最後まで頑張ってチームでゲームを楽しんだ」などの、多様な価値観を幼いときから伝えることも大事なのではないでしょうか。

2

長期目標と
途切れのない発達支援

1　基本的な生活習慣

- 規則正しい生活が基本（時間を守る、一貫した方法で生活スキルを教える）。
- とくに起床、三食（朝食、昼食、夕食）、就床の5軸が重要。
- 昼寝（午睡）と夜の睡眠との関係を知ろう。
- 偏食への対処と食事マナーを守らせるにはどうすればよいか。
- 排泄の自立を促そう　➡　まずは定期排泄時間を保育者が守り、誘導する。

　園に通っている子に対しては、家庭と園が協力して子どもを育てています。家庭や園で幼児期から基本的生活習慣を獲得していくことは、生活力の基礎となり、生きていくうえで最も重要なスキルとなります。本節では、基本的生活習慣のなかでも睡眠（起床）、食事、排泄といった生活リズムに関して述べていきます。

◆**生活リズムを整える～同じことを、同じ時間にする～**
- ・起床してから就床するまでの時間と活動内容を習慣化することが重要である。
- ・とくに起床、朝食、昼食、夕食、就床の5軸の時間を同じにする。
- ・この時間をずらすと体調の不具合や気持ちが不安定になり、行動に現れることがある。

　大人でも「昨晩、寝る時間が遅かったので、今朝は頭が痛い、集中ができない、何かイライラする」などの不調を感じることがあります。食事時間がずれたり、いつもの時間に就寝しないと、疲労回復ができずに倦怠感を覚えることもあるでしょう。
　乳幼児も毎日の生活時間のパターンの変更が、泣く、ぐずぐずする、イライラするなど、気持ちや行動が不安定となる要因となります。担任からは「いつもできることができない。何か

気分に波があるようです」と相談されることがありますが、その場合は、いつもの定型的な生活が維持されていないこともあるので、まずはその点検が必要となってきます。

- とくに起床時間を守る。
- 「昨晩は遅く寝たから今朝はいつまでも寝かせてあげましょう」、「いつもは7時に朝食を食べているけど、今朝は起きるのが遅かったから9時にしましょう」、「お昼になってもあまりおなかがすいていないので、時間をずらしましょう」など、いつもと起床時間や食事時間がずれると体内時計にもずれがきて、お昼ご飯が食べられない、いつもの寝る時間がきても眠れないといった不調が出てくる。
- 遅く寝た翌日も、いつもと同じ時間に朝起こす。そして、その夜も生活リズムを整えるためにいつもと同じ時間に寝かすとよい。そのことで体調が整えられ、情緒や行動も安定する。

COLUMN ● 週末は変化に富んで疲労蓄積〜"波がある"の正体〜

「A君はできるときとできないときの波があります」と言われることがあります。この波の正体は何でしょう。以下のような2つの可能性が考えられます。

①担任との関係性で、「認められる場面ではする」が、「認められないと思った場面ではやらない」という問題。

②「月曜日はとくにぼんやりしているかと思うと、急に衝動的な行為をします」という問題。

このうち②の場合は週末の過ごしかたが関与しているかもしれません。

親は日曜日には昼ごろまで寝ていたいと思うでしょう（子どもは起きているけれども、平日のように朝ごはんの準備をすることはないかもしれません）。また、ショッピングセンターで長時間買い物をしたり、遠くの公園やレジャーランドに行ったりするなど、週末は日常生活から離れて、親もリラックスしたいものです。

週末には、平日の生活とは異なる新しい体験が家族とともにでき、子どもの世界が広がります。保護者にとっても新しいコト・モノや人との出会いの機会でもあり、気分転換になるでしょう。一方で、肉体的にも精神的にも疲弊してしまうと考えるのは、それほど難しいことではありません。

担任が「A君は波がある」と言うとき、筆者は「月曜日は波があるけれど、火曜からは整ってきて、水木金はそれほどでもないのでは？」と質問を返すことがあります。そうすると担任は「確かにそのような傾向があるかもしれません」と、生活習慣（パターン）の1週間の変化に気づくこともあるのです。

コラムでも見たように、月曜日は、週末の過ごしかたによって、大人も、子どもも、職場や園でぼんやりしたり、逆に急にスイッチが入ったりすることもあるでしょう。人は**生活リズム**や**行動パターン**が習慣化していると、安定した生活が営めると言われています。よって、できるだけ、起床、朝食、昼食、夕食、就床の5軸の時間はずらさないのが子育てのうえで大切なことになります。

◆昼寝（午睡）と夜の睡眠との関係

事例①　昼寝をしないAさん

・「昼寝をしないAさんが、寝ている他の子の邪魔をします」などの相談が入る。

・4歳児Aさんがなぜ昼寝をしないのかを推察してみる。「あまり疲れていない」、「安心できる場所や人とでないと寝ない」、「午睡前の活動で興奮がおさまらない」、「何か毎日気になることがあり神経を使っている」など、何らかの要因があるのかもしれない。

・この場合、個々の要因に対して支援を組み立てるとよい。

　「昼寝をしない」の課題には、「Aさんに対しての昼寝支援」と「Aさんが他の子の昼寝を邪魔しない」の両方があります。この場合、Aさんを無理に寝かそうとすると、嫌がり大声を出したりしかねません。もし空き部屋があれば、Aさんを移動させる方法もあります。しかし、それが難しい場合は、部屋について立てなどを置き、寝ている子からAさんを離れたところに移動させ、絵本など静かに過ごせる物を準備し、「静かにしていようね」と伝え、休息させます。まずはこのような環境の整えをするだけでも解決するかもしれません。寝ない子には無理に寝かせるのでなく、休息を取らせる工夫をしましょう。Aさんは夜の睡眠はしっかりと取れていると推察できますが、一度保護者に確かめてみることも大切です。

事例②　時間が来ても目覚めないB君

・「4歳児B君は、昼寝の時間が終わって起こしても、ぐずっていつまでも寝ています。ずっと寝かしておいてもよいでしょうか？」という質問。

・答え：「他の子どもと同じ昼寝終了時間になったら起こす」

　保護者と十分に連携を図って、「夜間、十分に睡眠が取れているかどうか」を聞いてみるとよいでしょう。「保護者が寝る時間（夜11時）まで起きている」、「夜8時には寝かすが、夜中に何回も起きてくる」などのエピソードが出てきた場合には、まずは要因を考え、その要因を解決するための支援を組み立てます。いつまでも寝かせておくと、次の保育活動に支障があるばかりか、夜の睡眠にまで影響し、悪循環に陥ることになりかねません。「お昼寝、終わりです」と子どもを起こすときに、興味のある活動を予告すると覚醒状況がよいように思います。

◆食事〜偏食への対応とマナー〜

　小学生のころはニンジンやピーマンのような野菜は嫌いだったという人が多いと思います。しかし大人になってからは、「あの苦みがおいしい」とか「えぐみに季節感がある」などと言って食べていませんか？

　味覚は体験や発達によって変化していくので、幼児期に無理をさせないでしばらく待つことも考えましょう。ただ、経験は大事なことです。いろいろな食材を、みじん切りひとつから試し、少量から、味つけして、飲み込みやすく、咀嚼しやすくなどの工夫をしてみましょう。しかし、無理強いすると、これがよくない思い出になり、**偏食**を強化してしまうばかりか、担任との関係に影響を及ぼすこともあるので、慎重に進めたいところです。

　また、食器具が本人に合っているかどうかを見きわめたり、給食中の立ち歩きなどに対するマナー指導をしたりするのも、幼児期からのスタートが大事です。

①園のものを食べない子〜食べるものからスタート〜

　園のものを何も食べない子どもには、家で食べている食べ物を持ってきてもらって、給食時間にみんなと食べる経験を重ねてみます。みんなと異なる食べ物を食べているが、みんなと一緒の場で食べる体験を経て、次にはみんなと一緒のものを食べる（共通の物を共有する体験：玩具などはすでにしているわけだから）ことへと進みます。「友だちと一緒に玩具で遊んだね。給食もみんなと一緒のものを食べようね」と徐々に誘いかけるのがよいでしょう。ただ、味覚、触覚、嗅覚の過敏性のチェックは必要です。

　また、クラスでお料理ごっこをするなど、遊びから入るのもひとつの方法です。単に給食の時間だけが偏食に対する指導（支援）ではありません。給食のときだけ偏食矯正を意識すると、逆にこだわりがきつくなって、担任との良好な関係が取りにくくなることもあります。

事例①　ごっこ遊びでの偏食指導

・ごっこ遊びでは次のような展開も考えられます（4歳児クラス）。

・偏食のきついAさんがお母さん役。ニンジン嫌いな子ども役（Bさん）に「ニンジン一口食べようね」と言い、AさんがBさんにニンジンを食べさせる真似をする。また、他の友だち同士も、ニンジンを食べさせる真似をする。

・ニンジン嫌いな役のBさんに対してお母さん役のAさんが「ママも食べるからBちゃんも食べようね」と言って、Aさんが食べる真似をするのも、ごっこ遊びならできる面白い取り組み。

・そして、次の給食の時間に「今日はお母さんごっこでみんなニンジン食べたので、給食のニンジンも少しでいいから食べようね」とクラスのみんなに担任が伝える。

・ごっこ遊びとクラスの子どもたちの力を借りてできる、幼児期ならではの偏食指導である。なお、偏食の指導については、あすなろ学園執筆『気になる子も過ごしやすい園生活のヒント』（Gakken、 p.168）も参照されたい。

②食事マナーは幼児期から

「お箸やスプーンを使わず手づかみで食べる子がいます」との相談があります。年中児、年長児でもそのような子が見受けられることがありますが、手づかみが習慣になっているといつまでも手づかみが続くことが多く、小・中学生になって本人に恥ずかしい気持ちが芽生えてきても、お箸を持つ技術（スキル）が伴わず、困っている子どももいます。

食事マナーの相談には、「就学後、思春期になって（幼児期でもよいが）家族でレストランなど、外食に出かけられるようにしましょう。立ち歩いたり、人の物を取ったり、手づかみで食べたりすると、本人は気づかなくても家族が他の客やお店の人に対して恥ずかしい思いをすると思うので、そのような姿にならないように発達を見きわめながら、途切れのない発達支援をしてはどうでしょうか」と提案しています。

園での遊びのなかで、幼児期にしっかりと食器具を使う習慣をつけるとよいでしょう。

事例② 食器具を使おう

・まずは守るべきルールを明確にする。「給食は、スプーンやフォークやお箸で食べます」と、食べるときには食器具を使うことを教え、約束する。
・次に使いやすい食器具を揃える。スプーン、フォーク、箸がうまく持てない場合は、その食器具が本人に合っているかどうかを見きわめ、使いやすい食器具を保護者に知らせ、準備する（矯正用の箸、先がギザギザのつかみやすい形状になっている箸、使いやすい皿などを準備する）。
・そして園での遊びをとおして「お箸チャレンジごっこ」をする。楽しくお箸の持ちかたが身につくようクラス全体で楽しく進める。スポンジを1センチ角に切ったもの、花のおはじき、大豆などを準備する。つかみやすいスポンジから挑戦し、次第に難しい大豆などをつかめるようにする。このような遊びを自由遊びの時間にクラスのみんなと行い、手指の発達を促す。
・クラス全体がチャレンジする遊びは、子どもたちの認め合いにもつながっていく。

給食を終えていないのに立ち歩きをしている子どもがいます。しばらくようすを見ていると、好きな（？）肉類だけを食べて野菜は残していたり、食べ物の好き嫌いに関係なく、食事の途中で友だちにお喋りをしに行ったりする子どももいます。このような子どもへのマナー指導も幼児期からスタートさせたいところです。

事例③ 立ち歩き（嫌いな食べ物がある）

・給食のクラスルールとして量が加減できるルールがあるとよい。
・「ハンバーグは減らしてほしいですか？」、「サラダは減らしてほしいですか？」などと、担任と子ど

もがやり取りして、子どもに自分の食べる量を決めさせる。そして「自分で決めた分は完食します」も約束に入れておく。すべての食材を一口は食べるルールもあってよい。一口食べたら残してもよいことにする。
・また、主食（ごはん）は大盛、中盛、小盛をつくっておき、自分で選択させる。
・自分で決めた給食セット（おかず、ごはん）なので集中して食べる。

事例④　立ち歩き（友だちが気になる）
・給食中、特定の友だちと遊びたい、お喋りしたい気持ちが高まってくる（衝動が抑えられない）子どもがいる。
・そのような場合も給食のクラスルールとして、「給食時間は立ち歩きません。座って食べます」をクラス全体に伝える。いろいろな事情があっても、基本的に"食事中は立ち歩かない"をクラスのルールとして決めておき、"給食の時間は立ち歩きません"と描いた絵カードなどを見せて約束しておくことも有効である。その際、「A君もね」と優しく伝えておくことも忘れない。
・また、「もぐもぐタイムにチャレンジします」と伝え、担任がタイマーで5分間セットし、「今から5分間チャレンジするよ、黙って給食を食べようね」と声をかける。クラス全員が5分間黙って給食を食べるもぐもぐタイムは、給食に集中することになり、時間内に給食が終えられるメリットもある。

◆**排泄の自立〜定期排泄の習慣〜**
・排泄の自立していない子どもには、「決められた時間にトイレに行く」計画からスタート。
・環境を整え、安心できる関係性を構築し、家庭との連携を図ることも重要。

　排泄の自立は幼児期に終えたい課題のひとつです。担任からは、「いつまでたってもおむつからパンツに切り替えられない」、「園ではパンツで過ごせるが家庭ではおむつに履き替えている」、「個別に誘っても、みんなと一緒に行くように誘っても、トイレに行かない」など、子どもによって異なる課題が出されます。

2　長期目標と途切れのない発達支援　57

子どもが適正時期におむつからパンツへと替えられないのには、それぞれの要因があります。その要因にもとづく支援の組み立てをするとよいでしょう。たとえば、おしっこに誘っても行かないのに、いつの間にかおもらしをしている。さらにはそれを訴えてこない場合はどうでしょう。要因としては、まだ尿意を感じられない、感じても訴える術がわからない、トイレに行って排泄する経験が少ない、などが考えられます。適切に飲水していれば一定時間で排尿したくなる人体のしくみを考えてみると、「おしっこしたい」と訴えなくても、時間を区切って定期的にトイレに座る経験を積むことからスタートすると、うまくいくことが多いと思います。

事例　決められた時間にトイレに行く

・「CLMと個別の指導計画」に沿って行う方法：

　　①時間を決めてトイレに行くことを知らせる（スズを鳴らし、トイレの絵カードを見せ、今からトイレに行きましょうと、担任と手をつないでトイレに行く）。

　　②決まったトイレに座らせる（たとえば一番奥のトイレにAちゃんが好きな電車のシールを貼っておき、「電車のトイレに座りましょう」とトイレットスタイル（パンツをおろして座る）で座らせる。

　　③座っておしっこが出たら「すごーい。おしっこ出たね」と褒める。

　　④始末をしてトイレから出て、電車シールを"トイレ頑張り表"に貼る。

・この①～④までを、毎日決めた時間に行う。はじめは1時間ごとに誘導する。尿が出なくても便座にトイレットスタイルで座ればシールがもらえることを、わかるように伝える。

・このような経験を重ねることによってトイレに行く、座る習慣が身につき、やがて自ら行けるようになる〔あすなろ学園執筆『気になる子も過ごしやすい園生活のヒント』（Gakken）、p.126参照〕。

表3　排泄の自立のためのポイント

環境を整える	・トイレの環境（暗い、臭い、和式など）を点検し、子どもが安心して使えるトイレ環境の整えを行う。 ・クラスのみんなが一斉に動き、混雑するのでトイレに入れない（遅れる）場合がある。その際には混雑しないよう、グループ順や個別でトイレに誘導する方法もある。
安心できる関係	・おもらしをした場合、「大丈夫だよ。お着がえをしましょう。着がえたらさっぱりしたね」などと、担任に叱られるのではなく、安心して支援が受けられるようなことばかけが大事である。
家庭との連携	・保護者の協力を求めることは大切であるが、家庭と園が同時にパンツに移行するための排泄トレーニングを行うと、子どもが混乱したり保護者の負担になったりすることがある。 ・まずは、園で布パンツにして、時間排泄が80～90％成功できるようになってから、その支援方法を保護者に伝えると、保護者が安心して取り組める。

環境を整え、安心できる関係性を構築し、家庭との連携を取ることも重要です。ポイントを**表3**にまとめてみました。

- 起床、朝食、昼食、夕食、就床の5軸の時間をずらさない子育てをしよう。
- 給食の食べる量を自分で決めさせる、すべての食材を一口は食べるルール、もぐもぐタイムなども活用してみよう。
- 子どもの発達レベルにもよるが、クラスみんなの計画とは別に排泄の自立していない児には「決められた時間にトイレに行く」計画を勧めたい。

2　社会性

- 家庭のスケジュールやルールが守れているか確認しよう。
- 「園で一定のスケジュールやクラスルールが守れる」から、「学校・一般社会のルールが守れる」へ。
- 協力や妥協などもルールで教える。

　一般的に人は生まれてから大人になっていく過程で、家庭、保育所・幼稚園、学校、会社・一般社会に参加するようになります。そして、それぞれのライフ・ステージに応じた社会的言動（振る舞い）が求められます。それぞれの場面に応じた**社会性の育成**もまた幼児期からがスタートです。

◆**家庭でのスケジュールやルールが守れる**

　園生活で気になる姿が見られる子どものなかには、家庭での育ちにも気になることがあるようです。保護者と子どものようすから、登園時間が決まっていない、忘れ物が多い、朝食を食べていないようすがあるなどです。他にも友だちが使っている玩具を取り上げトラブルになる、クラスの物を使うときの順番を守らないなどです。

　家庭生活でも社会性は求められます。「朝○時に起きる」からはじまるスケジュールや、「ゲームは○分で交替する」などのルールが決まっていなかったりする家庭があるようです。家庭のスケジュールやルールが決まっていないと、園でも自分の思いどおりに振る舞い、クラスルールが守れないことにつながっていくこともあるかもしれません。

　他にも体調、情緒、対人関係など気になることがあれば、次の事例のように家庭での生活リズムやルールを保護者に質問するとよいでしょう。

事例①　おうちスケジュールが決まっていますか？

・「A君のおうちでのスケジュールが決まっていますか？」と保護者にやんわり問いかける（保護者との関係は大事にする）。

・「毎日決めようと思うのですが、園から帰るとすぐにゲームをしてそのまま夕食になり、夕食もなかなか終われないんです」、「お風呂も自分の都合を言ってきて、夜遅くに寝ることが多いです」など、子どもの生活スタイルが日ごと異なる場合は、要注意である。

・スケジュールやルールが決まっていない場合は、以下の☆印のように保護者に話をしてみてはどうだろう。また、「園便り」に載せると、全保護者に役立つ情報を伝える機会になる。

　　☆規則正しい生活習慣をつけるために、子どもと一緒に1日のスケジュールを決めましょう（子どもと一緒に決めると納得し、そのとおり動いてくれます）。

　　☆子どもの1日のスケジュールを決めたら、それに沿って親のスケジュールも書いてみましょう。そして、それを意識して親も行動しましょう。

　　☆スケジュールはきっちり決め過ぎず、時間的に少し余裕を持たせましょう。

　　☆一緒に決めたスケジュールを守れることが体や心の安定につながり、子どもにとってメリットがあることを、具体的に子どもにもわかるように伝えましょう。

　　☆絵や図、数字を使って子どもにもわかるように伝えましょう。

　　☆守れたら褒められることやご褒美があることを伝えましょう。

　　☆スケジュール表（図3）は、リビングや子ども部屋に貼っておいて、いつでも誰でも見られるようにしておきましょう。

　園便りの効果は、気になる子の保護者が「自分ばかり注意を受ける」と受け取らずにすみ、また"気にならない子"の保護者からも「生活のヒントをもらえた」、「スケジュールをつくって親子とも生活が規則正しくなった」などのうれしい返答がある、と担任から報告を受けたことがあります。

　保護者のスケジュールを優先してしまうと、子どもの生活リズムが崩れ、うまくいかないときもあります。たとえば、保護者が夕食後の食器洗いや片づけを優先してしまうと、子どもの入浴時間が遅れ、就床時間も遅くなってしまいます。子どものスケジュールを決めるときに、保護者のスケジュールも同時に考えるようにするとうまくいきます。また、スケジュールを守りにくい子どもの場合は、「7：00には起きるよ」とひとつだけ約束を守らせる方法からスタートしてみましょう。できるようになったら、スモールステップで次の課題に挑戦させる方法が無理なく進めることができます。

事例②　おうちルールはありますか？

・ひとつしかないものをきょうだいで共有する場合：

じかん	すけじゅーる（すること）	
あさ　7じ　〜　7じ30ぷん 	おきる（おはようございます） きがえる かおをあらう 	
7じ30ぷん　〜　8じ 	あさごはん（いただきます、ごちそうさま） はみがき でかけるじゅんび 	
8じ　〜　8じ15ふん 	ほいくえんにいく （いってきます、おはようございます） 	
ゆうがた　5じ　〜　5じ30ぷん 	ほいくえんからかえる （さようなら、ただいま）	
5じ30ぷん　〜　6じ30ぷん 	あそび、りらっくす 	
6じ30ぷん　〜　7じ 	ばんごはん （いただきます、ごちそうさま） 	
よる　8じ　〜　8じ30ぷん 	はみがき ねるじゅんび えほんのじかん 	
8じ30ぷん　〜　9じ 	でんきをけす ねる（おやすみなさい） 	

図3　楽しく取り組めるように、絵を描いたり、シールを貼ったりして子どもと一緒につくるスケジュール表の例

2　長期目標と途切れのない発達支援

☆ゲームの時間は 30 分、順番を守る。

☆テレビ番組や YouTube は予約制にする。親が最終決定する。

・お手伝いの役割分担：

☆長男はお風呂の準備、次男は玄関の靴並べ、など。

・家族の一員として、「みんな協力することが大切」と話をする。お手伝いはそれぞれの子どもが無理なくできることを準備する。

・方法は、①保護者がお手伝いのしかたの手順をして見せ、②同じようにさせて（真似させる）、③褒める。このように行動のしかたを定着させる。そして、できたら「玄関の靴がいつもきれいに並んでいてとっても気持ちいいわ」などと、認めのことばかけをする。

◆園でクラスのスケジュールやルールが守れる

毎日通っている園で、スケジュールやルールを守って、楽しく園生活が送れるようにしましょう。

以下の事例のように、登園から降園まで担任が示したスケジュールどおりに、みんなと活動する見通しができる工夫をしましょう。もちろん、合理的配慮の必要な子どもがクラスにいることも意識しましょう。

事例① 園でのスケジュールの例

・登園の支度（帽子、タオル、コップ、出席ノートにシール、かばんなどを所定の場所に置く）。

・好きな遊びを自ら選んでする。

・遊んだ玩具を片づける。

・朝の会（出席調べ：呼名されたら返事をする、歌を歌う、本日のスケジュールを聞く）。

・集団活動（制作、リズムや集団遊びなど）を友だちと一緒にルールを守ってする。

・片づけをする。

・給食準備をする（トイレ、手洗い、箸を準備して椅子に座る）。

・給食を食べる（いただきます、ごちそうさまなどのあいさつをする。決められた時間までに食べ終える）。できるだけ完食をめざす（子どもの給食の量を加減する）。食器具（スプーン、フォーク、箸など）を使って食べる。

・昼寝（午睡）の準備をする。

・昼寝（午睡）。

・おやつの準備をする。

・おやつ。

・降園の準備（朝の支度の逆）。

「基本的なあいさつ（おはよう、いただきます、ごちそうさま、ありがとう、さようなら）ができる」など、クラスのルールや決まりごとを守って気持ちよく園生活を送れることが望ましいですね。

事例②　**集団生活で困らないためのルールや育みたい力の例**

・トイレの順番や園庭から保育室に入るときなど順番を守って入る（前に並んでいる友だちを押しのけて一番に行こうとしない）　➡　順番を守る力、人が終わるまで待つ力。
・給食で机の準備をするとき、友だちと一緒に運ぶ　➡　協力心。
・片づけのとき、自分が遊んだ玩具や、友だちが使った玩具を協力して片づける　➡　自主性・協力心。
・自由遊びのとき、友だちが使っている玩具を勝手に使わない。「貸して」、「いいよ」と交渉してから使う　➡　交渉する力、待つ力。
・友だちと玩具を共有して順番に使う　➡　順番（交互）に使う力、順番を守る力、相手の気持ちがわかる。
・最後まで折り紙を折る、絵を描く　➡　困ったときに助けを求められる力（先生教えて、手伝って）。
・椅子取りゲームや鬼ごっこなど、勝ち負けのある遊びのとき、負けても怒らず最後まで遊びを続けることができる　➡　競争心（勝ちたい）、協力心（ルールを守って楽しもう）、妥協心（負けても「まぁいいか」と自分を納得させ、次頑張る）。
・このような育みたい力は、集団活動や集団遊びのなかでルール化すると育つ。

3　他者に理解されるコミュニケーション

● コミュニケーション方法は、表出言語（ことば）だけに限らず、ジェスチャー、模倣、写真や絵カードなど、多様な方法を活用したい。
● SOS が出せるスキル、拒否ができるスキルの獲得も大切である。

　言われていることが理解できない、言いたいことが言えないなど、**コミュニケーション**がうまく取れない子どもがいます。園では知的能力に遅れが見られる子どもや発達特性が強い子どもなどがコミュニケーションをうまく取れないとき、子どものそばについている加配保育士などが代弁している姿が見られます。

COLUMN ● 何もわからないと考えてしまうとすべて支援する

　A 保育士は「B 君はことばが出ていないから、何もわからないわ」と考え、B 君ができそうなことまでいつも支援している（何でも援助してしまうことは本人にとって適切な援助ではないと

2　長期目標と途切れのない発達支援

思いますが）。そのようなことが続くと、B君が表現したり自己発信しなくても自分の思いどおりになり、伝える努力をしないようになります。

このことはB君が成長する機会を奪ってしまうことになるのではないでしょうか。

B君にはコミュニケーションを取る方法を教えることが求められます。その際、表出言語だけに頼らず、写真や絵カード、ロールプレイなど多様な方法を試し活用したいものです。

◆ことばでのコミュニケーション

1歳半健診でことばの遅れを保健師から伝えられた子どもが、入園してから爆発的にことばが増えた、といった例もしばしば聞きます。子どもは担任や友だちと園生活をするなかでいろいろなことばのシャワーを浴びています。友だちがことばを使ってやり取りしている場面をそばで体験することによって、理解し、覚え、使えるようになります。これは、たとえば日常英語が使えない私たちが、英語圏で生活をするうちに体験から使えることばを獲得していくのと同じではないかと想像できます。このように考えると、園生活は子どもにとって、ことばや行動の獲得において絶好の発達支援の場であるとも言えるのです。

幼児期のことばの遅れは、遅れたまま大人になっていくのではなく、「発達過程」、「通過点」と捉え、ことばのスタートが同年代の子どもたちから少し遅れていても、「どの子も発達する」と希望を持ち、現時点でその子どもにあったコミュニケーションの取りかたを教えることが大切なのです。

COLUMN ● SP の会

筆者が所属しているNPOの企画に、「SPの会」があります。「SPの会」は障害当事者の会で、会員全員が診断を受けています。会の名前は、彼ら彼女らの先輩が"自分たちはスペシャルだ"と、自分たちでいろいろと名前を出し合い、賛否をとって前向きにつけた名前です。

現在は、知的能力の高いASDの20～30代の男女10名程度が所属しています。大学や専門学校を卒業している会員が多く、自分の思いをその人なりに語ることができます。また、全員就労しています（福祉就労が多い）。

ある日の活動で、過去のことを話す機会がありました。そのなかでAさんが「ぼくは1歳半健診でことばの遅れがあると保健師さんから言われた、とお母さんから聞きました」と発言。今では、会の活動の推進メンバーで、とてもよく喋り、話し合いが話題の中心からずれると、話題を元に戻してくれる重要な存在になっています。

彼ら彼女らの姿からあらためて、健診時のことばの遅れに振り回されず、子どもの見立てと支援のあり方を考える機会になりました。

喋れる子どもはことばでのコミュニケーションが取れますが、ことばの発達が遅れている子には、それぞれの発達段階に応じた対応をしましょう。

事例　自分のことばで言えるようになるには

・Ｂ君は、保育所で給食時、おかわりがほしいのに言えない。他児が「おかわりください」と言っておかわりを手に入れた姿を見ても、言えずに立っている。

・そのようなとき、他児のことばや振る舞いを、丁寧に担任が真似させて、自分のことばで言えるようになり、"おかわり"ができたエピソードを聞いたことがある。

・まだことばが出ていない子や少し出てきた子には、担任がお茶を見せて「お」、「お」と、"語頭"を伝えたり、言えなくても「お茶、飲む」などと、その子が求めている行動にことばを添えて支援する。

・ことばの発達には個人差が大きいが、希望を持ち、現在必要な支援を届けたい。ことばのシャワーをたくさん浴びることも重要である。

◆模倣

　ことばの出ていない子どもには、その子どもの伝えたい思いや行動の所作を、担任がして、見せて、ことばを添えるとよいでしょう。

事例　トイレに誘導するとき

・トイレに子どもを誘導するとき、「トイレ行きます」と言って担任は自身の下腹をトントンと軽く叩く。そして、反対の手でＡちゃんの手を持ってＡちゃんの下腹をトントンと軽く叩き、担任と同じ所作を模倣させる。

・トイレに行くときには、必ずこの所作を担任がし、Ａちゃんに真似させてから行くようにする。

・子どもの能力によっても異なるが、担任のことばと所作がトイレに行くことを意味づけし、やがて、クレーンハンドで担任の手を取り、Ａちゃんが自分の下腹をトントンと叩く所作が見られるかもしれないし、そのようなことを期待したい。

　この方法は、赤ちゃんが育っていくプロセスで、まだことばが出ないとき、**ベビーサイン**を教えることに似ています。子どもはあるとき、急に物事が理解できるようになることを考えると、毎日コツコツと継続するのがよいでしょう。

　コミュニケーションの取りかたが、**ことば**（**表出言語**）でなくてはならないといった考えを変えることも、保護者や支援者には大事になります。まずはコミュニケーションを取れる方法をシンプルに考えよう。コミュニケーションは、「相手からのメッセージを受け止め、理解する」、そして、「相手に自分の考えや思いを伝える」ことです。このやり取りの方法はそれぞれ

2　長期目標と途切れのない発達支援

の得意な手法で行えばよいのです。ことばだけに頼らない、こだわらない。

◆**写真カードや絵カード**

　視覚をとおして物事を理解する・覚える「**視覚的支援**」は、見ることに不自由でない人にとっては、とても便利で有効です（p.38 も参照）。はじめて訪れたショッピングセンターでも、男女の人の形をしたマークがあるだけで、すぐにトイレの場所がわかります。道路標識や病院の床に書かれている矢印（レントゲン室は赤色の矢印、内視鏡検査は緑色の矢印など）も同じです。新型コロナウイルス流行の際には、感染の被害から身を守るソーシャルディスタンスが叫ばれ、スーパーマーケットのレジ前にも当たり前のように足形が置かれていました。このような環境調整は、聞くだけでは理解しづらい、文字が読めない子どもたちの通う園や療育センターなどでは、かねてより多用されています。

　しかし、現実にうまく使えているかどうか、疑問点も多々あります。担任から「前の担任の先生から、A 君にはカードが有効だったと聞いていたので使ってみましたが、あまり効果がありません」や「カードを見せても着目しません」などの相談があります。その相談に沿って、うまくいかない要因を考えてみましょう。

事例　　**カードに着目しない A 君**

・A 君はことばの発達がゆっくりな 3 歳児。4 月に 1 学年上がり、新しいクラスになった。クラスメートに変化はないが担任が変わり、クラスの場所やクラス内の物の位置が変わるという環境の変化があった。

・前年にそのカードが有効であったのであれば、新担任との信頼関係や、新担任がカードを出すタイミングが、前担任と微妙に異なっているのではないかなどの視点で観察してみる。

・新たに写真カードや絵カードをつくったのであれば、カードに描か（書か）れている絵の内容の意味が理解できているかどうかを確かめてみる。

・たとえば「トイレに行く」であれば、トイレの写真やトイレが描かれている絵カードを見て、「トイレ」や「トイレに行くこと」が理解されるかどうかを以下の順に試してみる。

　　①実物を見せて、「トイレ」ということばと場所が理解できているか

　　②カラー写真を見せて、①の物、場所が理解できるかどうか

　　③色つき絵カードを見せて理解できるかどうか

　　④線画カードを見せて理解できるかどうか

・このカードの移行の意味は、具象から抽象化していくプロセスであり、子どもの発達レベルに応じて、作成し活用するとよいでしょう。

　次にカードの使いかたです。この「トイレに行く」支援を例にとれば、担任が、A 君が理解

していると思われる数枚のカードを並べておき、「A君、トイレのカードを取ってください」と言って、取れればトイレは理解していると考えられます。

①「A君、トイレに行きます」と言ってカードを見せる。

②担任が下腹部をおさえ**模倣**させてからトイレに行く。

③それ以降は、対象児によって、便器にタッチするだけであったり、トイレットスタイルで座らせたりするなど、支援の段階が異なるでしょう。

④トイレから戻ると、カードは担任がポケットに入れておいたり、ロングネックレスのように首からぶら下げたりすれば、いつでもどこでも使うことができます。

◆ SOSが出せる、拒否ができる

　子どもの成長発達は保護者も担任も望んでいることです。「ひとりで何もかもできる自立は難しいかもしれないが、この子なりに、できるだけ伸ばしてやりたい」と。また、気になる子はできる課題とできない課題の差が大きい場合があります。このようなタイプの子どもにも、担任はクラスの一員として、「クラスの他の子どもと同じ体験をさせてあげたい」、そして「できるようになってほしい」と、日々そのような思いで保育や支援をしていると思います。

　たとえば、一斉活動で折り紙制作をするとき、発達的にはその年齢に見合った課題ではあっても、折りかたの手順がわからない、不器用でうまくつくれないなど、子どもが「困ったな」という状態になることがあります。担任がそれに気づかずにいると、折り紙を破って参加しなかったり、保育室から出て行ったりする行動が見られる場合もあります。「頑張れ」だけでは決して解決しないのです。

事例　「先生教えて・SOS」が出せる

・この折り紙の例のように「頑張れ」だけでは決して解決しないときには、「教えてください・SOS」が出せるとよい。たとえば、以下のようなことである。

　　☆「先生わかりません」、「教えて」と言って、助けてもらう。

　　☆ヘルプカードを出す。

　　☆イヤイヤと首を振るサインを出す。

　　☆上記のように自らサインを出せない子どもには、担任が「この子どもはこの方法ではできない」ことを知り、どのような場面で"困難"があるかを観察する。

・子どものSOSに対して、担任はすぐに対象児を助け、成功体験を共有する。担任が助けてくれた体験が、やがて事前にSOSが出せることに結びつく。

・SOSを出しても、すぐに対応してくれない、来てくれたけれど成功しなかった場合は、SOSを出しても助けてくれることはないと学習してしまい、その後の子どもからのヘルプには結びつきにくい。

対象児にとって、難しい課題をひとりでさせられる体験の積み重ねは、自尊感情の低落と問題行動の発現にいたる可能性をはらんでいます。嫌なことは「イヤ」、わからないことは「教えて」と言えるクラスの雰囲気づくりとともに、子どもの**拒否スキル**や**SOS を出せるスキル**の獲得も大切になってきます。ことばのある子どもは「イヤ」と言えますが、表出言語が未獲得だったり表現がうまくできない子どもは、人を叩いたり（他害）、自分を傷つけたり（自傷）することで"イヤ"を表現する場合もあることを知っておきましょう。

> **保育の
ポイント**
>
> ・コミュニケーションは、「相手からのメッセージを受け止め、理解する」、そして、「相手に自分の考えや思いを伝える」ことである。
>
> ・このやり取りの方法はそれぞれの得意な手法で行えばよい。ことばだけに頼らない、こだわらない。
>
> ・「イヤ」、「教えて」と言えるクラスの雰囲気づくりと、子どものヘルプに対してすぐに助け、成功体験を共有することが大切。

4 遊び（活動）～自由な時間の過ごしかた～

> ● 子どもの趣味や好きなことを見つけ、育てるには、環境が大きく影響することがある。
>
> ● 遊びから余暇へと途切れのない発達支援が必要。
>
> ● ひとり遊びから友だちとも遊べるようになるための支援は、支援の引き算（スモールステップ）で発展させていく。

◆自由な時間の過ごしかた

平日、大人は終日職場で仕事をする人、自宅で専業に家事をしている人、パートタイム（短時間勤務）で仕事をする人など、その人の生活スタイルによって、さまざまな中心的活動があります。園児は園での活動が中心的活動となります。また、小学生・中学生・高校生・専門学校生・大学生などの児童・生徒・学生は学校での学習などが中心的活動です。そして、人には生命維持や生活のために必要な時間（睡眠、食事、入浴など）があります。ここではその2つの活動の時間を除いた時間を**余暇**時間とします。日々の余暇時間の過ごしかたは、その後の人生にとって大きな影響を与えるのではないでしょうか？

COLUMN ● 夫を負担に思っている妻の話

　55歳の夫は、仕事から帰るとすぐにビールを飲んで、50歳の妻を相手に会社の不満を愚痴り、いつまでも飲酒を終えず、夕食の片づけが遅くなる。休日は朝からビールを飲んでテレビを観ながらゴロゴロしている。

　家の掃除や家事を手伝ってほしいが何もしないうえ、掃除がうまくできない。趣味がなく出かけることもないので、いつも妻にまとわりついている。拒否するとイライラして物を投げたりする。いい加減にひとりで過ごしてほしい……。

　ともに過ごす妻が不満に思うこのような夫の行動から見えてくることは、「好きなことや趣味がなく、暇なときはビールを飲んでいる」、「ひとりで過ごせず、妻に相手を求める」、「妻が相手をしないとイライラする」です。

　そもそも、空いた時間の過ごしかたは、大人になってからの問題ではなく、幼いころからライフ・ステージに沿って考えていくべき課題なのかもしれません。

　幼児期から、本、玩具、ボール遊びなど、物でひとり遊びができる、そして、遊ぶ物や遊ぶことを介して他の人とも一緒に遊べる体験をしていること。それが、大人になっても、趣味を持つことができ、そばにいる人に依存しなくても余暇時間が過ごせるようになることにつながるのではないでしょうか。

事例① 自己主張できない高校1年生A君

・A君はおとなしくクラスのなかでは目立たない子。クラスの子どもたちとはあまり喋らず自己主張もしない。ひとりでいることが多かった。A君の育ちの過程を以下に振り返ってみよう。

・ひとりっ子のA君の家庭には、乳幼児期から子どもの興味に合わせた玩具が揃っており、いつでも自由に遊べる環境になっていた。そのころは、消防車や新幹線といった動く車や電車が好きで、母親が目を離していても、しばらくはひとりで玩具を動かし、熱心に遊んでいる姿が見られた。ときには母親を見てにっこりしながら、玩具を見せに来たりした。そして、母親と玩具を介してやり取りするのが大好きで、「赤い消防車行くよー」と母親が走らせると嬉々として、何回もしてほしがった。

・保育所に通うようになると、好きな遊びや玩具が決まってきて、たとえば、自由遊びのときにはブロックで車を組み立てたり、ジグソーパズルをしたりと、物を組み立てることに興味を持つようになった。自分ひとりで遊び込むことが多かった。年長児になっても友だちと遊ばないので、心配した担任が意図的に担任を介して友だちと一緒にブロックで車をつくったり、ロボットをつくったりした。やがてクラスの友だちと共同的な遊びをするようになった。

・小学校・中学校の年代は、平日や休日の余暇時間に、自室でクラフト、プラモデル、ジグソーパズルをして楽しんだ。つくったものを写真に撮ったりして、ネットで見つけた「クラフト趣味の会」に投稿したりした。「クラフト趣味の会」に時々出かけることによって、他校の生徒や大人の知り合

2　長期目標と途切れのない発達支援　69

いが増える機会となった。高校生になった今も余暇時間には好きなクラフトで楽しんでいる。

　A君のように、成長過程で多様な体験ができる環境を整え、ときには大人が友だちとの橋渡しをしながらも遊びや趣味を進めていくことが、余暇時間の充実と対人関係の広がりにつながっていきます。そして、おとなしくて自己主張が苦手なA君は、自身が通う学校やクラスで友だちができなくても、「クラフト趣味の会」のような得意なことを生かした活動で知り合った友だちの間では、自分を表現できているのではないでしょうか。

事例②　特別支援学校中等部1年生B君

・B君は知的障害を伴うASDの診断を受けている。学校でも家庭でも決められたことを決められたようにするのが好きで、何事にも手順を決めると行動しやすくなるタイプ。することがない暇な時間は苦手で、そのようなときに、学校や家庭から外に飛び出したりするので目が離せない。

・「1日のうち、5分でも10分でもよいので、この子から目を離してもよいようにならないかと悩んでいます」、「下校後、Bが好きなことでも見つけて、過ごせるとよいのですが……」と、母親から相談された。

・「何か好きなことはありますか？」との質問に対し、「好きなことは、お菓子を食べること、繰り返し同じコマーシャルを見ることくらいです」、「お菓子の食べ過ぎで太ってきました。コマーシャルは数秒で終わるので次にすることがないと、またお菓子の要求をします」

◆子どもの趣味や好きなことを見つけるには？

　子どもの趣味や好きなことはどのようにすれば見つけることができるでしょうか。

①子どもの好きなことを見つけるには　➡　育てるには？

　子どもが好きなことを偶然見つけることはあるかもしれませんが、やはり環境の影響は大きいでしょう。日常の遊びで考えてみると、保護者が、子どもに体験させてやりたいコトやモノを準備し、一緒に活動する。保護者がこの時間を惜しむと次に続いていきにくいようです。忙しい日常の短い時間でもよいので、子どもとのリアルな体験につき合い、向かい合い、"面白い、楽しい"といった共感をとおして、好きなこと、自分に合っている活動の選択肢を増やしていくようにします。

　事例のB君のような子どもには、音楽、リズム遊びなど、感覚に訴える活動が合うかもしれません。具体的には、学校や療育でのB君のようすを担当者に聞き、教材、玩具、活動など、好きなモノやコトを自宅に取り入れられるか検討をするとよいでしょう。

　しかし、遊べない子どもには、どのようにして自由な時間を過ごしてもらえばいいのでしょうか？

②お手伝いをとおして

　いろいろな遊び体験をさせてもうまくできない子どもや、遊びを好きにならない子どももいます。そのようなときには、本人の特性である「決められたことを決められたようにする」を生かして、家庭生活のお手伝いをする"お手伝いマン"になってもらうのもひとつの手です。こうして身についた生活スキルは将来の生活力や就労にもつながっていきます。

　たとえば、夕食後の茶碗洗い、風呂洗い・準備、洗濯物の取り入れ・たたむなどを、保護者が「やって見せ　➡　真似させ　➡　褒めて」を毎日継続する。決められたことを決められたようにすることが得意なB君タイプには、ぜひ試してみてほしい。家庭生活に役立ち感謝される体験は家族としての結束を高めることにもなります。

　手順が明確で、その子の能力に見合った作業を根気よく教え、生活に必要な家事ができるようになることは、有効な余暇時間の活用であると同時に自立スキルのひとつになります。また、男女問わず子どもの家事能力を高めることは、結婚後にパートナーから感謝されることにもつながっていくでしょう（p.69のコラム参照）。

◆**遊びから余暇へ途切れのない発達支援**

　余暇時間については、ひとりでどのように過ごすか、過ごせるか、友だちや家族とどのように過ごせるかが問われてきます。余暇時間をひとりで過ごせない子どもや大人は、誰かに依存的で、相手をしてもらわないと過ごせません。

　コラム（p.69）でも述べたように、大人になったときに余暇時間をうまく過ごせないと、いつも親やパートナーなどに相手をしてもらわないとその時間を過ごせず、一緒に暮らす人に負担がかかることにもなりかねません。遊びから余暇への途切れのない発達支援について、園などでの子どもの姿から考えてみましょう。

　園などでは**表4**に示すようにさまざまな活動がありますが、朝、子どもが登園し、自分の荷物を片づけた後、すぐに始めるのが、自ら好きなことをして遊ぶ「**自由遊び**」です。それは、園生活において、生活に関する活動でも、みんなで一斉に取り組む課題活動でもなく、自分がしたいことを見つけて遊べばよいことになっているので、その意味では家庭生活における余暇

表4　園などでの活動の種類

生活に関する活動（保育）	手洗い、うがい、排泄、片づけ、給食準備・給食、昼寝準備・昼寝、おやつ準備・おやつ　など
一斉活動・集団遊び（保育）	朝の会、絵本の読み聞かせ、折り紙・描画・工作などの制作活動、椅子取りゲームやジャンケン列車のようにクラス全体で取り組む「集団遊び（保育）」
自由遊び	自ら好きなことをして遊ぶ

時間に似ています。

この「自由遊び」の時間は、多様な体験が自主的、主体的に取り組めるよう、担任は個々の子どもたちの発達やクラス全体の成長を見きわめたうえで、玩具や材料などを考慮した環境調整をしています。遊びには、想像性や創造力など豊かな情緒を育み、友だちとの共感性、協調性、コミュニケーションなど、社会性の育成の観点からも、大事な要素があります。

◆自由遊びで見られる姿

園で遊んでいる子どもたちを観察すると、ひとりでブロックやぬり絵に集中して遊んでいる子どもや、ごっこ遊びをしている子どもたち、激しい戦いごっこやプロレスごっこをしている子どもたちがいます。

一方で、保育室の隅で友だちのしていることをジーっと見ているけれど何もしていない子ども、友だちが遊んでいるところを行ったり来たりしているけれど何もせずにフラフラしている子ども、友だちがつくったものを壊したり、友だちを押したりしてトラブルになっている子どももいます。

このように園での子どもたちの姿はさまざまです。いろいろな物や玩具の扱いを知り、工夫したり挑戦したりすることや、担任や友だちとやり取りしながら遊びの面白さを共有することなどが幼児期には大切です。一方で、物や玩具を使って集中して遊べない子ども、友だちと遊びたいけれどどのように遊んでよいかがわからない子どもには、少し手助けが必要になります。

前出（p.70の事例②）のB君の幼児期は、自由遊びや何をして遊んでもよい時間が苦手でした。遊具、玩具を扱えなかったり、興味が持てずに室内や園庭を歩き回ったりして終わることもありました。また好きな水遊びに終始して、加配保育士が濡れた服を数回着がえさせることもありました。B君のようなタイプ（知的障害を伴うASD）の幼児期の自由遊びは、遊具、玩具の扱いかたや加配保育士とのやり取りをとおして、物の理解やコミュニケーションを育む好機となります。

「子どもは遊びで育つ」と言われるように、遊びには多くの発達の要素が含まれ、ライフ・ステージに応じた育ちの過程には遊びは欠かせません。幼児期から物（玩具）で遊べる、人とも遊べるようになるためのさまざまなチャレンジをさせたいものです。そのような支援がやがて余暇をうまく過ごせるようになることにつながるのではないでしょうか。このような点も「途切れのない発達支援」として見つめ直したいところです。

◆ひとり遊びができ、友だちとも遊べるようになるには

1歳から2歳くらいまでは玩具や物で遊んで大人とのやり取りを楽しみます。3歳を過ぎると友だちを意識し、友だちと一緒に遊び出します。そして、4歳、5歳では気の合う友だちを選んで遊び仲間集団をつくっていく……。

3歳児以降になってもひとりで玩具を使って遊べない、他の子どもの遊びを見ていて、並

行遊びや一緒に遊ぶ姿が見られない子どもがいます。子どもが興味を持つ環境を整え、担任が少しの促しで遊べるようになればよいのですが、そうでない場合には遊びの計画を考える必要がありそうです。

担任が友だちと遊べない子どもに"友だちと遊べるようになってほしい"と願って小集団で遊んでいる子どもたちを指さして、「A君、あそこで遊んでいるB君たちと一緒に遊んでおいで」と友だちと遊ぶように促しても、A君は行かなかったり、行ってもすぐに遊びから抜けたりして定着しない、というようなケースについて考えてみましょう。

友だちと遊べることを考えるとき、その遊びのルールが理解できているかどうかです。遊びかたの手順や役割が理解でき、振る舞えるかどうか、ことばでのやり取りに代表されるコミュニケーションができるかどうかなどです。その遊びを構成している要素のどれかに苦手意識があると、援助のない集団での遊びを続けることは難しいでしょう。

そこで担任と遊ぶことができて、次に友だちとも遊べるようになるための手立て（**担任との5分間遊び**）を考えてみたいと思います。

●事例● 遊びの発展〜スモールステップによる支援と支援の引き算〜

①対象児と担任との2人遊び

- ・担任は、保育室以外の部屋で対象児と2人で、対象児が好きな遊びを5分ほど2週間続ける。
- ・担任と特別に遊べること（担任を独占）、好きな玩具や材料で遊ぶことをとおして担任との愛着や共感性が育まれる。
- ・遊びのルールや手順を理解し、覚える。わからないことは教えてもらえる（SOSの出しかたを学ぶ）。
- ・活動をとおして、たくさん話しかけられたり褒められたりする成功体験で、"認められている"という思いや自己肯定感が育まれる。
- ・他の子どものいない静かな環境（誰もいない遊戯室の片隅でもOK）で集中して取り組める。
- ・他の子を意識せずにすむ。

※クラス担任がクラスを空けるときには、園長先生か主任の先生などに保育室の他の子どもたちの見守りを依頼する。

②対象児と担任との2人遊びの部屋移動

- ・遊びや遊びかたは①と同じにして、遊ぶ場所を遊戯室からクラスに変更する。
- ・担任はクラスで対象児と対象児が好きな遊びをする（遊びの内容などは変えずに場所だけを変える）。
- ・担任が見守るなか、ひとり遊びができるかどうか確認する。
- ・この場合の遊びのねらいとしては、ひとりで遊べる・やり取りのしかた・遊びの発展・遊びを楽しめる。

2　長期目標と途切れのない発達支援

③クラスで対象児と担任と数名の子どもで遊ぶ

・この場合の遊びは担任と遊んだ経験のある遊びにする。

・数名の子どもの選択は、対象児と話し合って決める。

・安心できる友だちと小集団遊びができるかどうか見きわめる。

④担任は③を大事に見守りながら、小集団から距離を取り、近くで見守る（支援を少しずつ引く）

⑤④の小集団遊びをクラスの一斉遊びに発展させる

・クラスで一斉に遊ぶとき、小集団遊びをしていた子どもたちをモデルにしてもよい（嫌がらなければ、対象児も入れる）。

・小集団から大集団への参加ができる。

◆**集団遊びができない要因**

　子どもが友だちと遊べない、**集団遊び**に入っていけない要因を考えてみると、（ア）遊びかたがわからない、（イ）コミュニケーション力・社会性、（ウ）勝負にこだわるなどの課題が見

表5　集団遊びに入れない要因とその例

（ア）遊びかたがわからない
・「ブロックでつくっているB君の車カッコいいな、どうやって車をつくるんだろう？」と思っていても聞けない子どもがいる。そして、聞いてもつくりかたの手順を見てもつくれない。 ・友だちが数名でしているルールのある遊びを見ていても、その遊びを「見て理解する」ことができない。ごっこ遊びのとき、その場に合ったセリフを言ったり、役割ができない。

（イ）コミュニケーション力・社会性
園生活ではいろいろなコミュニケーション力や社会性が求められる。 ①やり取りのしかたがわからない（知らない） 　・「一緒に遊ぼう」、「入れて」➡「いいよ」 　・「これ使っていい？」、「貸して」➡「いいよ」、「少し待って」 ②順番を守る、待つ、ができない 　・「順番に並びましょう」 　・「自分の順番が来るまで待ちましょう」

（ウ）勝負にこだわる
・負けるのが嫌で遊びに入れない子どもは「負けて遊びを終わりたくない」、「強い競争心があり負けても、今回はしかたなかったな、と自分の気持ちに折り合いをつける気持ち」、「次またチャレンジすればいいや、再び頑張ろうとする気持ち」が、年齢相応に育ってないことも多い。

・「理解する力」、「交渉する力」、「ゆずる力」、「待つ力」、「協力する力」、「妥協する力」　➡　遊びには子どもが育つさまざまな要素が含まれている。その都度、やり取りのしかたを教えなければわからない子どももいる。
・どのようなときでも使えるキーワードは"困ったときはSOSを出す"、"またチャレンジすればいい"がどの子も使えるように。

えてきます（表5）。これらの課題が苦手な子どもに「A君、みんなと一緒に○○遊びに入りましょう」と言っても、自信のない子どもや不安の強い子どもは遊びに入れません。

p.73の遊びの発展の方法で、喋れるけれど、不安が強く、自分の思いをことばで表現できない子どもや場面緘黙児に支援した結果、自分の思いをことばで語れるようになりました。また担任との信頼関係が育まれ、SOSが出せるようになり、そして友だちとも遊べるようになりました（p.113も参照）。

年中児期に担任がこのような支援を実施し、年長児担任に引きつぎ、年長児期には自信を持って園生活を楽しみ、就学に向かってほしいと願っています。

COLUMN ● 遊び体験の場所今昔

　昭和30～50年代ごろは、まだ各家庭の子どもの人数も多く、平日の夕方や休日には近所の公園や広場で子どもたちが遊んでいました。そのなかで、兄姉や近所の年長者にさまざまな遊びを教えてもらい、コミュニケーションの取りかたや遊びかたを自然に学んでいったものです。幼児が小学生と遊ぶこともありました。

　しかし、今では、各家庭の子どもの人数が減り、遊ぶ場所も限られ、個人的な習いごとなどで時間の制約もあるでしょう。このような環境によって、子ども同士で自然に遊びを覚え、楽しむ機会が少なくなっています。子どもたちが集団で遊び体験できるところは、保育所、幼稚園、学校、学童クラブなどになってきています（地域によっては○○クラブなど、遊びや活動を提供しているところもあるようです）。

　「楽しかったね」、「また明日も遊ぼうね」と子どものうれしそうな声が発せられる日々の遊びの体験が、子どもの豊かな情操や生きる力を育むことを理解し、乳幼児期からの遊び体験を子どもが毎日通う保育所や幼稚園などで保障されることを期待しています。

- 子どもの好きなことを見つけるためには、子どもに体験させたいモノやコトを準備し、大人が一緒に活動する時間を惜しまないことが重要。さまざまなお手伝い経験も大切。
- ひとりで遊べるようになり、そして集団でも遊べるようになるためには、スモールステップでの支援と引き算の支援が有効。

5 愛着・信頼関係〜人を愛し、愛されるように〜

- 子どもの心の育ちは、「子どもを大事に思う大人の心の動きが沁み込んで、子どもはその大人を好きになり、その経験の積み重ねの中で、ようやく子どもはその大人に信頼感を抱く」（鯨岡, 2018）（p.79 参照）。
- 愛着の形成：見守り、援助し、SOS が出せ、伴走してくれる大人の存在が重要（世話されること、一緒に遊ぶこと、認められること）。
- 愛着形成が遅れる子どももいる。

　一般的には母親が赤ちゃんを抱いて授乳をしたりしながら語りかけると、赤ちゃんは母親の声色やトーンなどを覚え、他の人と区別をします。また、おむつを替えながら「いい気持ちになったね」などと触り、語りかけ、目を合わせる。子どもに触れ、世話をしながら目を見て、語りかける日常から、**母子愛着**が形成されると言われています。

　子どもにとっては、触れられ、世話される心地よい体験を受けることになり、親の喜ぶことを何もしなくても受けられる「**無条件の愛**」です。

　このように、親が子どもを大切に思う気持ちが子どもの心に届いて、はじめて形成される情緒的つながりを体験してこそ、子どもは育っていく過程で、他者との信頼関係が結べる人になっていくと言われています。

◆母子愛着の形成が遅れる子どもがいる

　発達の遅れや、過敏性、多動性、固執性などの特性を持っている子どものなかには、母親との愛着形成が遅れる子どもがいるように思います。たとえば以下のような場合です。

- 車の揺れは好きで、車に乗せるとすぐに眠ってしまう子が、人肌に触れるのが苦手で、抱っこして揺することを嫌い、母親の顔を見ない。
- 外出先では換気扇を見て回ったり、スーパーのトイレに行き、すべてのトイレの水を流すのをやめない。注意されると逃げ回り、母親は叱る人になっている。
- 人より玩具や道具など物に興味があり、赤いミニカーが大好きで、ひとりで遊び続ける。母親が一緒に遊ぼうと、赤いミニカーを持つと大声で泣き出す。
- 物は見るが母親とは目が合わない。

「情感が通わない」、「子どもの気持ちがわからない」と嘆き、心配する母親もいます。障害のある子どもや特性の強い子どものなかには、定型発達の子どもよりも愛着形成が遅れること

もあります。一生懸命に育てているわが子に、自分の気持ちやしつけが伝わりにくいと、"可愛くなく"、"叱る"、"ほったらかし"になってしまう保護者の気持ちを理解しつつ、母子愛着不全にいたらないよう支援することも大切です。

事例　現在50代の重度知的障害を有する自閉症のAさん

・Aさんは乳幼児期から目が合わない、よく動く、ことばが出ない（13歳ごろまで）、常に誰かが見守っていないと勝手に自宅から飛び出し、行方不明になる。思いどおりにならないとかんしゃくを起こすこともあった。

・三重県B学園（児童青年精神科医療・福祉施設）の敷地内にC市の協力のもと情緒障害児学級が設置された。B学園入所児は学校（地域の学校の分校）に通えるとの朗報が広がり、県内外から多くの子どもが入所してきた。当時は自閉症を治療する機関は少なく、就学時には「障害（病気）が治ってからきてください」と、どの学校からも受け入れられない就学猶予を受けていた子どもも多かった。Aさんは小学生の時期に入所した。入所してからは施設で療育を受け、併設の学校で義務教育を受けていた。

・母親とは月に1〜2回の面会、外出があった。母親は子どもが理解できないことでも、とても丁寧に接していた。小学生の時期から面会や外出時には、世話したり、話しかけたり、好きなものを一緒に食べたりすることを繰り返ししていた。しかし、小・中学生のころは、面会に行ってもAさんはそれほど喜びをあらわすことはなかった（表現できなかったのかもしれない）。土産に持参したお菓子を母親の手からひったくり、食べていたが、そばにいる母親にさほど関心があるようすはなかった（ように見えた）。母親は子どもの状態を理解していたとはいえ、「好きなものは食べるのですが……」、「私を見ても心が通じない感じが悲しい……」と語っていた。

・中学校を卒業しても入所を継続していた。ことばは13歳ごろから話せるようになっていた。Aさんが15歳になっていたある日、散歩（といっても数十キロ歩く。思いかえせば、それにつき合っていた母親も相当健脚であった）が好きなAさんと歩いた後、喫茶店に入った。Aさんは、自分で写真のメニューを見て、指をさし選んだ。そのとき、Aさんがはじめて「ママは？」と聞いたとのこと。

・外出から帰ってきて母親は、「そのとき『ママは？』と聞いてくれたときの感動は忘れられません」と報告された。母親にとって、「自分をママと認めた」、「ぼくは決めたけどママは何を注文する？」の気づかいもできるようになったわが子は、入所してから10年以上が経っていた。その間、ことばや認知機能も遅々としながらも発達した。世話をし、いつくしむ母親の存在が理解できるようになり、思いが行きかうようになっていた。

　Aさんの母親は、「幼いころから自分がそばにいて世話をしても、まるで関心なく物を見るような目つきでずーっと見ていた。それが母親だとわかり、やり取りができるようになるには

2　長期目標と途切れのない発達支援　77

いかに年月がかかることか。でも諦めなくてよかった」と。このエピソードに対してAさんの主治医は、「自閉症児が思春期に入り、外界に目を向けられる時期と重なったのかもしれない」と話をされました。

◆保護者でなくても、安心できる大人との信頼関係構築は可能

　園の担任などから「A君のお父さんはA君たちに暴力をふるうから、A君は、園で友だちに暴力をふるうのよね」と話されているのを聞くことがあります。確かにこれはある一面事実かもしれません。けれどもそこにA君の問題行動を結びつけてしまうだけでは、問題の解決にはなりません。

　保護者の問題については関係機関と連携を取りつつ、役割分担して解決の方向に持っていくべきですが、一方で子どもの問題行動に対しては園が主となり、解決する方策を取ることが大切になってきます。

　A君の暴力は親から十分に世話をしてもらえない、認めてもらえず褒めてもらえない気持ちがどこかにあるのかもしれません。友だちが担任に認められたり、褒められたりしている場面を見ると、イライラしてトラブルを起こしてしまうのかもしれないし、また、友だちが絵をうまく描いたり、ブロックで作品をうまくつくったりすると、「ぼくはできない」の思いが、そのような行動化につながっていくのかもしれません。

　親に求めたいけれど、それが叶わず、担任に求めることによって、気持ちが満たされ、不適切な行動が適切な行動に変容していく子どもがいます。担任との信頼関係の結びつきによって、褒められ認められる機会が増し、自己肯定感の回復や向上が期待できると考えられます。母子愛着がうまく形成されなくても、身近な大人がその役を果たすことで子どもは救われます。新学年になり担任（加配）が変わったら、1学期の早い時期に、以下のような関係ができると、気になる子どももクラスも安定します。

- 「先生教えて」、「わかりません」とSOSが出せる関係
- 「先生と一緒にしようね」と援助してくれる関係
- 「ぼくのこと、いつも見ていてくれる」見守りの関係
- 「そして最後まで見届けてくれる」伴走者としての関係

- 家庭が子どもの居場所、拠点であるのなら、保育所、幼稚園などは子どもの第二の居場所である。
- そこにいる大人（担任など）は愛着の対象であり、キーパーソンである。

◆愛着の形成は……

①世話されること

　1日の園生活のなかで、担任（加配）の先生から世話されていることが感じられるような行動をともにするとよいでしょう。たとえば、着がえのときなど、できることがわかっていても、「あら、カッコよく着がえられたね」と個別の声かけから入り、物の片づけや給食の準備など、毎日することもそばで見守り、支援をします。すると、子どもはいつも先生が自分を見ていてくれる存在であると気がつき、その場を離れても「先生はちょっと事務室に行ってくるけど、A君がきっとうまくお片づけや準備ができると信じているよ」と言える関係になります。

②遊びや活動を一緒に体験するなかで、ともに喜び合う関係になること

　子どもは一緒に遊んでくれる人が大好きです。たとえば、玩具を介して「このブロック使おうか？」、「このように組み立てようか？」と共同作業をして、「やったー、できた」、「頑張ったね」、「一緒につくって楽しかったね」などの成功体験を共有し、喜びを共感することでぐんと親近感を増します。そして、このような体験が「先生大好き！」につながっていくのです。世話すること、一緒に遊ぶことは、園生活では最も大事なかかわりのひとつと言えるでしょう。

③認められること

　子どもが担任から「○○ができるからすごい」といった条件つきの認めではなく、存在自体が認められることが、担任との信頼感の芽生えになります。人は誰でも自分のことを理解してほしい、大切に扱われたいという思いがあります。「クラスのみんな」としてのかかわりだけではなく、1日に何回か「A君」、「B君」と、一人ひとり目を合わせて声かけし、一緒に遊ぶ体験が、担任と子どもとの物理的、心理的距離を近づけ、クラス全体が和やかで落ち着いた雰囲気に育っていきます。

　　（……）子どもの中に大人への信頼感が育つのか、不信感が育つのかは、当の大人が子どもを大事に思うか否かと直接的に結びついている。（……）子どもを大事に思う大人の心の動きが子どもに沁みこんで、子どもはその大人を好きになり、その経験の積み重ねの中で、ようやく子どもはその大人に信頼感を抱くようになるのである。このように、子どもの心は大人の心の動きがその接面から子どもに浸透する形でしか育てていくことができない。（……）

〔鯨岡　峻.（2018）. 乳幼児の心とその育ちを考えるために. そだちの科学, 30, 2-7.〕

- 愛着形成が遅れる子どもの保護者の気持ちを理解し、母子愛着不全にならないような支援が必要。
- たとえうまく母子愛着が形成されなくても、身近な大人である保育者がその役を果たすことによって子どもは救われる。
- 愛着の形成、信頼関係の構築に必要なことは、子どもにとって「世話されること」、「一緒に遊びや活動を体験し、共感と成功を共有し、ともに喜び合う関係になること」、「認められること」である。

6　自立に向けて

- 幼児期から、多様な体験をさせ、生活スキル、社会性のスキル、余暇スキルを高めておく。
- 一度は、同年代の、定型発達の子どもが体験する遊びや活動をさせてみる。
- 将来の趣味や楽しみのために好きなことは制限しない。
- 適切な時期に告知し、自らの特性を知る機会を持つ。
- 仲間（友だち）がいることでストレスが低減できることもある。
- 思春期以降は親以外のキーパーソンの存在が重要。

◆**各スキルを年代に応じて高める**

　幼児期から、学童期、思春期と育っていくに従って、子どもの能力、特性、興味・関心に応じたさまざまな体験をさせることで、生活スキル、社会性のスキル、余暇スキルを高めておくことが重要です。

　これらのスキルは急に求められても、すぐにできるものではありません。コツコツとその年代のできることを積み重ねて育っていくものだからです。

◆**一度は体験させてみる**

　乳幼児期からスタートし、ライフ・ステージに応じて、一度は同年代の定型発達の子どもが体験する遊びや活動をさせてみましょう。そのなかで好きな遊びや活動が見つかるかもしれません。その際、気をつけたいことは、定型発達の子どもの言動を参考にしてもよいけれど、「〇〇君のように上手にできるように」などとモデルにはしないことです。

　また、その内容を得意と苦手で判断しましょう。継続は力になりますが、一方でその子どもが苦痛に思うようなことはやめさせてもよいでしょう。

◆好きなことは制限しない

　人は好きなことは続けていけます。それは得意なこと、興味があることでもあるからです。そして、好きなことは、現在も将来も余暇活動や楽しみのために制限しないほうがよいでしょう。好きなことが将来の仕事につながることがあるかもしれません。また仕事に従事している時間に匹敵するほど、好きなことをして過ごす時間は大切です。

　しかし、どれだけ好きだからといっても、課金が伴うインターネットやゲームなど、内容によっては制限が必要なこともあるでしょう。

◆適切な時期の告知と、自らの特性を知る機会を

　特性の告知は診断名ではなく、思考傾向や行動特徴を伝えることです。

　子どもが苦手な場面に遭遇したとき、失敗したり、問題行動を起こしたりします。そのプロセスを捉えて特性「性格」として解釈を加え、子どもに知らせます。その際、失敗しない対処方法も一緒に練習するとよいでしょう。いわゆる**ソーシャル・スキル・トレーニング**（Social Skills Training：SST）です。

　ロールプレイを用いた方法はわかりやすく幼児期以降も有効です。学童期以降には予防的にSOSを求める支援があります。いずれの場合も、支援する人は子どもとの信頼関係ができていることが基本です。信頼関係の結べていない人に告知されたり、意に沿わない指導をされたりすると、被害的感情や攻撃的感情が呼び起こされ、良好な結果が得にくくなります。

　子どもへの特性の告知は、適切な時期に、信頼できる人からされなければ、受け入れがたいものとなります。

事例①　　幼児期（ロールプレイを用いた方法）

・たとえば、幼児によくあるトラブルのひとつに、玩具が使いたいと思ったら「貸して」と言わずに取ってしまうことがある。

・この場合、担任は、「A君は気に入った玩具があるとすぐに使いたい気持ちになって、他の友だちが使っていても、何も言わずに取って使ってしまうことがあるよね」とA君の特性を伝える。

・「取られた友だちは困るし、ケンカになることもあって先生に叱られるよね」、「だから、友だちが使っている玩具が使いたいときは『貸して』と言って、友だちが『いいよ』と言ってから使おうね」、「一度先生と練習してみようね」と言って2人でロールプレイをする。

事例②　　学童期（予防的にSOSを求める支援）

・学童期には、算数や国語のような課題が解けない体験を何回もすると、授業中にクラスから飛び出したり、登校できなくなったりすることもある。

・その際、担任は、対象児の知的能力や課題の処理スピードなどの能力を観察し、その子に見合った

課題の量や内容を吟味する必要がある。そのうえで、本児に「B君は計算がわからなくなるとクラスから飛び出してしまって、友だちが驚いているよ」、「計算がわからないんだね」、「後から先生と一緒に勉強しようね」、「授業中にわからなくなったら、小さく手をあげて先生のほうを見てね」と伝えておく。

・このような対処方法で授業中の問題行動を予防できる。そして、他の子は理解できているけれど自分はできないことに気づく。それを放置しておくのではなく、予防的にSOSを求める支援を伝えておくとよい。

　年齢が上がり、「ぼくは、みんなと何か違う」、「みんなはできるのに、ぼくはできない」、「ケンカをして先生に叱られてばかりいる」などに気づくようになってきたら、各種検査や診断を受けて、診断告知をする方法もあります。しかし、繰り返しますが、子どもへの告知は、信頼できる人からされなければ受け入れがたいものがあります。また、診断名を言われただけでは理解できません。子どもの日常生活でうまくいかないことを取り上げて、絵や図、四コマ漫画などで説明しても、わからない子どもも多いのです。それは告知された数名の中学生の姿から感じたことです。

　その後も信頼できる大人が、子どもに寄り添い、失敗させず、成功させるように途切れなくサポートする必要があります。思春期になれば、定型発達の人と同様に親から離れていく人もいます。その際、アドバイスをくれる信頼できるキーパーソンの存在がより重要になってきます。家族だけでその問題を抱え込まないためにも……。

◆仲間（友だち）がいることでストレスが低減できることもある

　友だちと遊ぶ、活動することで活動の種類や幅が広がり、人とのつき合いの方法がわかることもあります。近所に定型発達の友だちがいたASDのAちゃんは、学校で一緒に行動したり、休日に一緒に電車を見に行ったり、近くにいるだけで友だちがモデルになりました。また、「SPの会」（p.64参照：ASD青年の会）ではこのようなやり取りもありました。「みんなそれぞれの会社で仕事して、仲間や友だち、先輩もいるでしょう。その人たちとお話や相談もできると思うけど、どうしてSPの会が楽しみなのかな？」と尋ねると、ある当事者から「自分と同じ仲間（同じ特性を持っている人）と話がしたい」とのことでした。そのことによって対人関係のストレスやトラブルがまったくないとは言えませんが、それは好機と捉えて、SSTでカバーしていくことも考えます。

　友だちとは保育所や学校で遊んだり話をしたりする他に、それぞれの家庭に招いたりする方法もあります。また、スポーツ教室や趣味の会に入ったりするなどの機会を捉えて、友だちづくりをするとよいでしょう。筆者の通っている水泳教室では、いろいろな障害のある小中学生や社会人が楽しく自分に挑戦しています。そこでの仲間との連帯は見ていてほほえましいもの

です。

　しかし、友だちと一緒にいることでストレスが増幅する人には、友だちづくりを積極的には勧めません。ひとりで過ごすこともよいと思います。「♪ともだちひゃくにんできるかな」という童謡があります。入院してきた6年生女子に「どうして入院してきたのかな？」と尋ねたら「小学校で友だちがひとりもできなかったから」と、答えたことが思い出されます。

◆思春期以降は親以外のキーパーソンの存在が重要

　キーパーソンに相談して"うまくいった"という体験をたびたびすると、心配事があるとき、問題行動を起こす前にSOSが出せるようになります。それはうまくいった体験が次にも相談したい気持ちになり、関係を近づけるからだと思います。逆に言えば、そのような体験をしてこなかったのに、突然初対面の専門家に相談しても信頼をおくことができず、そこに連れて行った親をうらむことにもなりかねません。

　幼いときから家庭だけで抱え込まず、ライフ・ステージに応じた家族以外のキーパーソンの存在が「重要だった」と、子どもが成人するころに親は認識するでしょう。このことは障害の有無に関係なく、どの子どもにとってもどの親にとっても必要です。いずれ子どもは親から離れていくのですから。

　子どものことで相談したい相手には、「○○さんに相談してみたらどうかな？」と親も信頼を寄せられるスポーツクラブのコーチ、発達支援のコーディネーター、身近で本人の気持ちや行動がよくわかってくれている親戚の人などが適任でしょう。一方で、幼児期から義務教育年限時にかけては、各学年の担任が子どもとの信頼関係を培い、その任を担うことにもなります。

事例　キーパーソンの存在

・中学生、高校生になれば親より友だち、親以外の先達のアドバイスを聞くようになる。

・高校1年生A君はバスケットボールが好きで部活はバスケ部に入りたい。しかし、小学生のときから集団ボール競技でのトラブルが絶えない。ルールの理解はできるものの、自ら他のポジションにまで動いてしまいチームプレイが難しいとのことであった。

・そのようなA君に高校のバスケ部のコーチが「マネージャーになったらどうか？」のアドバイスをした。バスケ部に所属し、A君にやれる仕事を見つけ、それを書いて説明し、そのとおりに遂行したら、褒めることを伝えた。

・バスケが好きだけれどチームプレイが苦手。このようなA君の特徴と気持ちを整理してコーチはA君に伝えた。自身のことが理解できにくいA君のようなタイプには、A君の気持ちも汲みながら客観的な判断をして、成功に導くキーパーソンの存在は大事である。このことは成人になって就労などの課題や悩みにも汎用できる。

・本人の状態を把握して希望をかなえるためにアドバイスできる大人は、本人からの信頼とふだんか

らのかかわりが大切になる。このようなキーパーソンの存在は保護者に安心感をもたらす。

- 幼児期から多様な体験、リアルな体験をさせ、各種スキルを高めておくことが重要である。
- 親以外の大人（キーパーソン）とかかわり、「うまくいった」体験を積み重ね、SOSを出しやすい関係をつくっておくと、その成功体験が次の相談にもつながる。

3

保育者・教育者に求められるもの

1　保護者とのかかわり

- 子育て中の保護者には敬意を。「苦情」は要望として聴こう。
- 保護者としての経験年数は、子どもの年齢と同じである。
- 必ず、ひとつは、今日のよかった行動（成功体験）を伝える努力をしよう。
- 伝えかたは「あったか・サンド」方式で！
- 信頼関係を築く、とにかく聴くこと。はじめから指導を入れることはしない。
- 今の保護者対応（支援）が、立場が逆転しても受け入れられる？

◆**子育て中の保護者には敬意を**

　保護者のなかには、わが子の発達を見きわめ、子どもの要求に応えながら楽しく育児をしている方もいれば、育児を負担に思っている方もいるでしょう。保育者は育児をしているすべての保護者に「よく頑張っていますね」、「お疲れさまです」の気持ちを向けたいものです。園で保育をしている保育者ならば、子どもの世話や、子どもと一緒に遊び楽しむことをとおして、保護者の心情はよく理解できると思います。

　また、保護者が「苦情」を言ってきたときには「要望」と捉えて、それを契機にコミュニケーションが図れるようにしておきましょう。

◆**保護者としての経験年数＝子どもの年齢**

　「年長さんになっても、ひとりで身づくろいができない（しない）A君は、家でお母さんがしてしまうから」、「もっとA君にさせたらいいのに」などと、保護者に向けた批判を聞くことがあります。長年、保育に携わっている保育者は、0歳から6歳までの子どもの発達過程を理解しています。この先、子どもが困らないような生活力をつけておくことが大事だとわかる

3　保育者・教育者に求められるもの　85

からこそ、言えることだと思います。

　しかし、はじめて子どもを持った保護者は、その後、子どもがどのように育っていくかを考えつつも、現在はその子どもと同じペースで歩んでいることが多いのです。そのような保護者には批判ではなく、子どもが育っていく過程を伝え、何をどのようにするとよいかを具体的に教えることも必要です。保育指針には子どもの保育と同時に保護者支援も謳われています。

◆今日の成功体験を伝える

　園でトラブルの多い子どもの保護者は、「毎日、夕方のお迎えが苦痛です。また今日も息子が悪さをした話を聞くことになるのかと思うと……」と悩みを打ち明けます。また、保育者も「Ａ君の問題行動を毎日保護者に伝えないといけないでしょうか。Ａ君は友だちとのトラブルが多くて（褒めるところがひとつもないので）よい行動を保護者に伝える機会が少なくて困っています」と悩みます。事実は伝えたい。しかし、保護者がいつもつらい気持ちになっているのではないかと保育者も申しわけなく思う。このような場合には、Ａ君が褒められるような体験を準備することも考えられます。そして、少なくともひとつは必ず**今日の褒められる行動（成功体験）**を保護者に報告できるようにするとよいでしょう。

事例　　今日の成功体験

担任「Ａ君、先生のお手伝いしてくれる？」
Ａ君「うんいいよ。ぼくお手伝い大好き」
担任「先生と一緒に、プランターのチューリップに水をあげようか」
　２人で花の水やりをする。
担任「すごく上手にできたね」
Ａ君「また、明日もしたい」

　このように担任と一緒に成功体験をすると、対象児も褒められてうれしいし、担任との信頼関係も深まります。そしてその日、保護者にひとつはよい報告ができるのです。

◆伝えかたは「あったか・サンド」方式で

　夕方のお迎えどき、今日もＡ君がＢさんに手を出してしまったことを保護者に伝えなければいけないと、保育者は悩む。そのときにはＡ君の問題点ばかりを伝えるのではなく、よいところも一緒に伝える**「あったか・サンド」方式**を勧めたい。これは報告のはじめと終わりによいことを、真ん中に問題行動など、伝えにくいけれども伝えなければいけないことを挟んで話す方法です。

事例　「あったか・サンド」方式

・担任「A君のお母さん、お迎えお疲れさまです。今日は、年長さんと年少さんが一緒に公園まで散歩に行きました。そのときA君は、年少さんのCちゃんと手をつないで、ゆっくりペースのCちゃんに合わせて歩いてくれました。A君は小さな子にとっても優しいですね」

・担任「でも、少し困ったこともありました。クラスで椅子取りゲームをしたとき、Bさんが先に座っていたのを、押しのけて座り、Bさんが床に転げてしまいました。幸いBさんにけがはありませんでした。A君は勝ちたい気持ちが強く、つい手が出てしまうようです」

・担任「でもA君は本当に優しいと思います。今日は私（担任）と一緒に、チューリップの水やりをしてくれました。チューリップが負担にならないように優しく水をかけていました。また、明日もしようねと約束しました」

◆**信頼関係を築く、とにかく聴く、はじめから指導を入れない**

　保護者との信頼関係は日常のやり取りでつくられます。園への送迎のときが多いと思いますが、保護者からの「お話があります」や、何か訴えたいことがあるようすが見られたら、送迎以外の時間を取り、しっかりと向かい合い、話を聴くようにしましょう。まずは受け入れること。それから保育者の気持ちや考えを伝えることになりますが、すぐに「○○してください」などとはじめから指導を入れることはせず、まずは聴いて、保護者の言っていることが間違っていなければ共感し、考えを共有することが重要です。

　信頼関係ができていないと感じた場合は、「また、園長先生と相談してお返事させていただきます」と、次の機会を持ち、はじめから指導を入れる対応は避けるようにしましょう。

◆**立場が逆転しても受け入れられる？**

　担任が保護者に対して言いたいこと（内容）は、担任自身が保護者の立場になったときにも受け入れられる内容かどうかを確かめてから伝えるとよいでしょう。それは、保護者との信頼関係の濃淡によっても異なってきます。たとえば、「担任の先生はいつも子どものことをよくしてくれていて、先生の言われることはもっともだと思います」と、受け入れてくれる保護者もいれば、「わが家の事情もよく知らないで、私も忙しいのにあんなこと言われ、ひどいです。園長先生にこのことを伝えたいです」と、受け入れがたい保護者もいることを知っておく必要があります。受け入れがたい保護者にどうしても伝えたい場合は、その保護者と信頼関係にある保育者、または園長や主任の先生に頼む方法もあります。

3　保育者・教育者に求められるもの　**87**

2　幼児期・小学校低学年の支援が大切

- 幼児期から小学校1年生の子どもの観察では、困りごとが具体的で発達課題がわかりやすく、要因分析が推察しやすい。
- 少しの支援で成功体験が可能で子どもの自信につながり、保護者と担任との信頼関係も良好になる。

◆発達課題がわかりやすい

　園児や小学校1年生くらいまでの子どもの観察をしていると、その子どもが困っていることは具体的でわかりやすいことが多く、また、心情の動きも表情、言動などから推察しやすいと思います。

　【例】折り紙の折れない子どもが、担任の指示どおりに折れず、折り紙をクシャクシャにして飛び出すことがある。

◆要因分析が推察しやすい

　発達課題がわかりやすいと、課題の背景にある要因が推察しやすくなります。

　【例】要因①　折り紙の手順が、聞いただけでは理解できない。
　　　　要因②　手先が不器用で他の子どもが折るスピードについていけない。
　　　　などの要因が推察される。

◆少しの支援で成功体験が可能

　要因に対しての根拠のある支援を組み立てられます。以下のように要因と根拠のある支援を組み立て、少しの支援で成功体験に導きやすくなります。

　【例】要因①「折り紙の手順が、聞いただけでは理解できない」
　　　　➡　支援①「見てわかる手順表を掲示する」

　　　　要因②「手先が不器用で他の子どもが折るスピードについていけない」
　　　　➡　支援②「1指示1工程にして、指示のスピードを落とす」、「担任がそばについてひとつずつ指示と支援をする」

◆子どもの自信につながる

子どもは、園活動の成功体験を担任と共有します。そしてそのことを保護者に報告します。子どもは園では担任から、家庭では保護者から褒められて、自信につながっていきます。自信が持てると自主的、自発的な行動が促されて、積極的・主体的に行動できるようになります。たとえば「今日は、先生と一緒に折り紙でアイスクリーム折ったよ」、「みんなと一緒にかべに貼ってもらったよ（壁面制作）」と子どもはうれしそうに保護者に報告することでしょう。

◆保護者と担任との信頼関係が良好になる

「明日は（折り紙で）自動車を先生と一緒に折るよ」という子どもの報告を耳にして、担任が子どもに寄り添ってくれているのだということが保護者に伝わり、担任と保護者の関係が深まっていくことがあります。まるで子どもがミツバチで、花と花の間をブンブンと飛び回り、担任と保護者の関係をつなげていくように。

担任が保護者と関係がうまく取れない場合、まずは担任が子どもと一緒に遊んだり活動したりして、子どもとの成功体験を共有することからはじめましょう。子どもは、園であったことを保護者に報告することが多いのですから……。

3 保育者・教育者に求められる目利き・腕利き

- ●子どもの能力、得意・苦手、特性などの観察と理解が大切。
- ●気になる行動の要因分析と根拠のある支援を行う。
- ●子どもをうまく甘えさせ、うまく褒め、認める。
- ●子どものモデルになる。
- ●その子どもが成人した姿を思い浮かべて、今必要な支援を考える。

◆子どもの能力、得意・苦手、特性などの観察と理解

担任が気になる子どもの見立てができることが大事です。

まずは、同年代の同性の子ども（クラスの他の子ども）との比較でよいでしょう。知的能力や身体的能力に関しては日常の園生活のなかで、何ができて、何ができないかを見きわめ、次に遊びや活動で得意なこと、苦手なことを探ります。たとえば、ドッジボールや鬼ごっこなどルールのある外遊びは好きだけれど、描画やダンスなど表現することは苦手、個別にはできるが集団になるとできないなどの観点からも見立てるとよいでしょう。

得意なことには興味・関心のあることも多いので、それらも知っておきましょう。また、聞くだけでは理解ができない、集中ができない、注意の持続が困難、こだわりがある、コミュニ

3 保育者・教育者に求められるもの

ケーションが苦手、よく動く、衝動的な行動が多い、感情の起伏が激しいといった特性についても観察しておきます。これらが単発に作用するわけではなく、相乗的あるいは複雑に絡みあって、個性的な動きや問題行動として発現してくることも多いのです。

◆気になる行動の要因分析と根拠のある支援

気になる行動には必ずその背景に要因があるので、それらを探り当てます。気になる行動があれば1週間くらい、気になる行動の場面を中心に観察してみると、「手順がわからないのか」、「自分の場所がわからないのか」などと、要因が推察できるようになります。仮説でよいのでいくつかあげてみましょう。

◆子どもをうまく甘えさせる

暴れる子どものなかには、なぜ、暴れているのかがわかりにくい子どももいますが、自分の思いをことばで表現できない子どもや、暴力という形でしか甘えられない子どもなどがいます。対応はおのずと異なりますので、見きわめが大事です。そして、うまく甘えさせる方法を計画として取り組むようにすると、適正な行動が促されるようです。

◆子どもをうまく褒め、認める

年長児期の後半には他者から見られる自分も意識し始めますが、おおむね幼児期は自分中心です。自分がしたことを認めてほしい、褒めてほしいと思っています。自分が描いた絵やブロックでつくった作品、家から持ってきた花、園庭で拾ったスベスベの石などを担任に見せに来る子どもの姿があります。

子どもは褒められ、認められるとモチベーションが上がり（やる気スイッチが入り）、主体的に活動するようになります。当たり前のことをしただけなので褒めないという保育者に出会うこともありますが、当たり前の日常保育のなかでも、「やったね」、「すごいね」、「ありがとう」の声かけは、子どもの意欲向上につながっていき、そして担任との関係も深まります。

◆子どものモデルになる

ことばよりも担任の態度が子どものモデルになります。たとえば足に障害を持つA君に対して、「A君は足がうまく使えないから、並ぶときや、物を取りに行くときにはA君を助けてあげてくださいね」と担任がクラスの子どもたちに伝えていたとしても、担任がA君に親切にしていない姿をクラスの子どもたちが見ると、クラスの子どもたちも担任と同じような行動をとります。

子どもはことばより保育者や他の子どもの行動を見て育ちます。

い浮かべて、今必要な支援を考える

生の指示と反対のことをしたり、友だちに手を出したり、話か注意すると暴力が出ることがあり、"腫物に触るような毎日"〔で〕しょう。

〔子〕どもにも暴力を出さずに過ごしてくれたら……」といっ〔た、〕〔こ〕こにいたった要因などの整理や、適切な支援の継続的対〔応（〕支援員など）、日ごとその場限りの対応でしのぐと

〔子〕どもの問題行動は年齢が上がるにつれて激しさ〔を増す。そのような〕姿が見られたら、途切れのない発達支援のス〔タートはまさに今。〕〔大人に〕なったとき、どのような姿になっているか」〔を想像して、今〕〔対応し〕ています。成人になってから後悔しなくて〔もすむように……。〕

〔このようなケースでは、〕「〔悪く〕て目立つ」行為です。そのようなときの〔計画は「適切なこと〕〔が増える〕支援方法が効果的です。

さてここまで、途切れの〔ない発〕達支援のためにできること、保育者に求められることなど、事例をまじえて述べてきました。続くレクチャー3では、「担任のための支援のシナリオ」とも呼ばれる「CLMと個別の指導計画」について、具体的に見ていくことにしましょう。

3 保育者・教育者に求められるもの

レクチャー

「CLM と個別の指導計画」
担任のための支援のシナリオ

1
子どもの発達には いろいろある

1　知的発達症の子どもと気になる子ども

- クラスのみんなや対象児にあった方法で支援しなければ、適切な行動が定着しない。
- 知的発達症の子どもと気になる子ども、どちらのタイプでも「CLMと個別の指導計画」の活用ができる。そして担任の目利き力（見立て力・要因分析力）、腕利き力（支援力）が向上する。
- 担任は保育（発達）の専門家である。魚をもらう（支援方法を教えてもらう）のではなく、釣りかたを覚えよ（自分で考え作成ができるようになろう）。

◆クラスのみんなや対象児にあった方法で支援する

　知的発達症の子ども（知的発達がゆっくりな子ども：一般的には"知的障害"の用語が使われていますが、ここではDSM-5 TRに準じ"知的発達症"としました）と気になる子どもは、クラス全体に教える方法だけでは身につかない点で共通していますが、クラスのみんなや対象児にあった方法で支援しないと適切な行動は定着しません（表6）。それには、効果のある計画、すなわち担任の支援のシナリオが必要になってきます。

　知的発達がゆっくりな子どもは、表6の図に示したように、あらゆる面での適切な支援が必要となってきます。一方で、気になる子どもでは、生活習慣などはクラスの他の子どもたちと同じようにできるが、行動や社会的振る舞いが育っていないため、その領域に対しての適切な支援が必要になってくるといったことが考えられます。

　このように、レクチャー3で紹介する「**CLMと個別の指導計画**」は、知的発達がゆっくりな子どもと気になる子どものどちらのタイプにも活用できますが、基本的には気になる子どものために開発した、担任の支援のためのシナリオです。

表6 知的発達症の子どもと気になる子ども

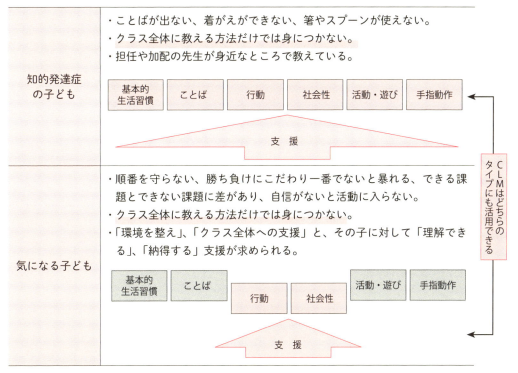

2 保育指針と「CLMと個別の指導計画」

- 保育指針には「CLMと個別の指導計画」の概念が含まれている。
- 「CLMと個別の指導計画」は対象児の標的課題を見つけ、要因分析を中心としたアセスメントを行い、それを解決する支援を「環境」、「クラス全体」、「個人」に対して適切な支援を組み立てる方法である。
- 計画実践前には、必ず成功するかどうかを確かめてから開始する。

◆保育指針のなかに「CLMと個別の指導計画」の概念が！

　従来の支援計画の多くは、発達の遅れや発達上課題のある子に対し、その子のことだけを取り上げ「個別計画」として書かれています（表7）。一方で、担任は個別の支援が必要な子もクラスの一員としてみんなと同じ活動をさせたいと考えています。

　巡回でめぐり合ったある担任からの相談です。「5歳児クラスの子どもたちに応じた保育課題を準備すると、知的に遅れのあるA君の参加方法に悩みます。逆にA君の発達レベルに合わせた課題をクラスのみんなに提供することには抵抗があります」、「クラスのみんなをA君の発達につき合わせてもいいのでしょうか？」と。

1　子どもの発達にはいろいろある

表7 「CLMと個別の指導計画」と「一般的な指導計画」（個別支援）のちがい

	CLMと個別の指導計画	一般的な指導計画（個別支援）
目標	成功しやすい目標をひとつ設定	同時に多くの目標を設定
要因分析	要因分析をして支援を組み立てることが必須	必ずしも求められない
支援方法	環境の整え、クラス全体の支援、個別の支援の構造	個別支援が中心
取り組み期間	1～2週間程度	学期ごと
評価	取り組み期間終了後、目標ごとに○×で評価会をする	目標ごとの評価会をしない

　そこで、クラスのみんなも発達上課題のある子どもも、ともに育ち合う保育のデザインが必要となり、「CLMと個別の指導計画」の誕生にいたりました。

　2017（平成29）年度改定**保育所保育指針**（厚生労働省）の解説書によると、障害のある子どもの保育「個別の指導計画」には以下のように記されています。

・特別な配慮を必要とする子どもの個別の指導計画を作成する際には、日常の様子を踏まえて、①その子どもにとって課題となっていることが生じやすい場面や状況、②その理由などを適切に分析する。

・その上で、③場面に適した行動などの具体的な目標を、その子どもの特性や能力に応じて、④1週間から2週間程度を目安に少しずつ達成していけるよう細やかに設定し、そのための援助の内容を計画に盛り込む。障害や発達上の課題のある子どもが、⑤他の子どもと共に成功する体験を重ね、子ども同士が落ち着いた雰囲気の中で育ち合えるようにするための工夫が必要である。　　　　　　　　　　　　　　　　　（箇条書き、丸数字と下線は引用者）

（厚生労働省．［2018］．保育所保育指針解説　p.57　https://www.mhlw.go.jp/file/06-Seisakujouhou-11900000-Koyoukintoujidoukateikyoku/0000202211.pdf〔最終アクセス：2024/6/5〕）

　「CLMと個別の指導計画」はこの指針と相関性があります。「CLMと個別の指導計画」は、保育環境を過ごしやすく、わかりやすく整え（**構造化**）、クラスの楽しい雰囲気やきまり（**ルール**）をみんなで共有しつつ、個別には、具体的な支援方法（**合理的配慮**）を用いた、クラス全体の育ちと個別の支援を組み合わせた計画です。「CLMと個別の指導計画」は、子どもが保育所などで困らないようにするため、その計画には**担任の保育の振る舞い**（**シナリオ**）を書くようになっています。

　では、保育所保育指針を具体的な事例「朝の荷物片づけのとき、片づけをせずに友だちをいつまでも見ている子ども」にもとづいて、例示してみましょう。

①エピソード

　指針解説の①その子どもにとって課題となっていることが生じやすい場面や状況は、たとえ

ば年長児Ａ君の毎朝の荷物片づけのようすです。片づけの内容は、靴を靴箱に入れる　➡　上靴を履く　➡　水筒を水筒入れに入れる　➡　コップを置く　➡　出席ノートにシールを貼る　➡　ロッカーにかばんと帽子を置く、となっています。コップを置きに行く途中で友だちが遊んでいるのを見て片づけが終わらないＡ君の姿が担任から報告されます。この姿が毎日であればＡ君の荷物片づけのときの習慣になっていると考えられます。担任は何とか他の子どもたちと同じようにスムーズに片づけられないか、と悩みます。このようすを整理すると「登園時の荷物片づけのとき、コップを置きに行くと、他の子どもの遊ぶ姿を見ていて、最後まで荷物片づけができない」となります。これを毎日見られる**エピソード**とします。

②要因分析

②その理由などを適切に分析するに対しては、なぜ、「片づけが途切れ、他の子どもたちが遊んでいる姿を見てしまうのだろう？」と**要因分析**をします。しばらく観察した結果、保育室の環境の整えとして、物の置き場所が点在していて、上靴を履いて保育室に入ると、水筒入れ、コップ入れ、シールを貼る場所が複雑で、動線が長いことがわかりました。そのうえ、コップを置きに行く途中で、自由遊びをしている子どもたちの前を通るので、友だちが遊んでいる姿を見てしまい、片づけを忘れてしまうことがあるようです。ここで出された要因としては、「置き場の動線が長い」、「友だちの遊んでいる姿が刺激になる」ことになります。このようにエピソードから要因を探り当てます。

③目標

③場面に適した行動などの具体的な目標では、友だちを見ていたりして朝の荷物の片づけが途切れ、進まない姿から、担任はどのような姿になってほしいかを考えるのが**目標**です。この場合なら「朝の荷物の片づけが（途切れず）最後までできるようになる」、「朝の荷物の片づけが５分でできるようになる」などが思いつきます。

④期間

④１週間から２週間程度を目安に少しずつ達成していけるようについては、多くの課題を一度に達成する計画ではなく、ひとつの**標的課題**を選定し、**短期間**（**約２週間**）で達成できるようにします。幼児期は適切な早期支援を行うことによって、適応行動の獲得も早くなります。次に、決めた目標に向かって要因と支援を組み立てます。

⑤環境の整え・クラスみんなの支援、個別の支援

⑤他の子どもと共に成功する体験を重ね、子ども同士が落ち着いた雰囲気の中で育ち合えるようにするための工夫については、たとえば、ここでは**クラス環境の整え**を行うことで、「動

1　子どもの発達にはいろいろある

線を短くする」、「刺激（友だちが気になる）に左右されない配慮をする（たとえば、つい立てなどで友だちが遊んでいる姿が見えない配慮）」ことです。これらは気になる子どもだけではなく、みんなにとってもわかりやすい保育環境となります。また、片づけ手順表にもとづいてクラスのみんなも、そして個別にもわかりやすく片づけることができるようになり、クラスの子どもたちが担任から認められ、褒められることによって、クラス全体が和やかで落ち着いた雰囲気になっていきます。

以上のような構造で、担任が「CLMと個別の指導計画」を具体的に作成することができます。

COLUMN ● CLM方式の考えかた〜自分ごととして考えて！〜

CLM方式の考えかたは、気になること（問題や課題）を解決する方法のひとつです。「登校しぶりがある」、「家のなかが片づかない」、「残業が多い」などさまざまな課題に対応できます。子どものことを考える前に、まず自分のことを考えてみるとわかりやすいかもしれません。

「最近、体重計に乗れないなあ、太ってきた感じがするなあ」と思ったことは誰しもあるでしょう。そのようなときには、次のように「要因」を考えてみます。

「どうして太ってきたのかな？」　問題や課題は毎日の習慣によってつくられるので、習慣を見直してみましょう。ここで思いつく要因のひとつ目は運動不足です。2つ目は食べることが好きで、とくに夜、寝る前に多く食べてしまうことです（他にも思いつくことがあれば、リストアップしてみます）。

その要因を解決するための計画を作成してみましょう。その際に気をつけることは、①2週間くらいで達成できる目標をつくる、②目標を達成（成功）できる行動を考える、そしてその行動は毎日続けられることが望ましいです。たとえば、2週間で500g減らす、駅ではエスカレーターではなく階段を使う、おやつは（夜ではなく）昼間に食べる、などとします。高すぎる目標や行動（2週間で3kg減らす、毎日3キロ走る、おやつは食べない、など）は、毎日続かない計画になってしまいますので、必ず2週間で達成する目標と毎日続けられる計画を考えて作成するとうまくいきます。

〈自分の計画〉

エピソード	最近太ってきた。
要因	①運動不足。 ②夜、寝る前におやつを食べる。
目標	2週間で500g減量する。
行動	①駅でエスカレーターをやめて階段を使う。 ②おやつは昼間に食べる。

保育のポイント

・気になる子の行動を見きわめ、個の発達や特性に見合った支援を行うことによって、問題行動の発現を予防できる。また、その子どもなりの成長・発達が期待できる。

・二次障害を発現させて「障害児」にしないためには、保育所・幼稚園で担任の観察力と支援力が求められる。

・早期支援のためにも「CLMと個別の指導計画」を活用しよう。

2

CLM と個別の指導計画

1 「CLM と個別の指導計画」とは

- CLM（チェックリスト in 三重）幼児版は保育所・幼稚園などに通う、気になる子の行動を観察し、「個別の指導計画」を作成するために開発されたアセスメントツールである。
- CLM の活用においては、「個別の指導計画」の作成が必須となっている。
- CLM は診断名をつけたり障害を特定したりするためのものではない。

◆ 「CLM と個別の指導計画」の概要

　「**CLM と個別の指導計画**」とは、児童青年精神科医療・福祉施設で非定型発達児などの療育や入院治療に携わった職員が中心となって、保育所・幼稚園などに通う気になる子どもの早期発見、支援のために作成したチェックリストと支援方法のことです。そして「**CLM**」は、保育所・幼稚園などに通う気になる子どもやクラスの子どもの行動などを観察し、「クラス全体と個別の指導計画」を作成するために開発された、アセスメントツールです（表8）。

表8　CLMの概要

対象	保育所・幼稚園・認定こども園などに通う "気になる子ども"
種類	2歳児クラス用 3歳児クラス用 4歳児・5歳児クラス用 （小学校1年生クラス用もあり）
判断の目安 （4段階）	1点：まったくその姿が見られない 2点：あまりその姿が見られない（週1〜2回程度その姿が見られる） 3点：少しその姿が見られる（週3〜4回程度その姿が見られる） 4点：その姿が毎日見られる **診断名をつけたり障害を特定したりするために CLM を使用することは禁止されている。**

2　CLMと個別の指導計画　99

2024 年現在、「CLM」幼児版には、2 歳児クラス用、3 歳児クラス用、4 歳児・5 歳児クラス用の 3 種類があり、また、小学校 1 年生クラス用（学童版）も新たに開発されています。判断の目安は 4 段階（1 点〜4 点）となっていて、**表 8** の基準に沿って担任などがチェックします。

2　担任のための（保育）支援のシナリオである

- 「CLM と個別の指導計画」は、子どもの成功体験や自尊感情の育成が可能になるように、担任が適切な保育を実践するために作成する支援のシナリオである。
- 治すのではなく、育てるプログラムである。
- 取り組み期間は 2 週間で、作成手順が明確である。

◆ 「CLM と個別の指導計画」の特徴と効果

　表 9 に「CLM と個別の指導計画」の特徴と効果をまとめました。また、とくにポイントとなる点については、以下の①〜⑦で解説を加えます。

①約 2 週間の取り組みで、気になる行動が軽減する

　朝の支度、降園の支度、給食準備など、することの手順がある計画は、その手順や置き場所の明確化、他の子どもが遊んでいる姿が見えないなど刺激の制限、取り組もうとする気持ちのモチベーションを上げるなどの観点で組み立てると、最後までスムーズに行動できるようになります。また、知的発達がゆっくりで一度に複数の行動が覚えられない子どもには、行動を分解して、1 指示 1 行動の積み重ねで可能になります。

　暴言や暴力などの問題行動のある子どもに対しては、問題行動が発現する場面において、認められる行動、褒められる行動を促す予防的支援の観点で計画すると、問題行動は軽減します。暴力などでコミュニケーションを取る子どもには暴力以外の表現方法を教えます。

　自ら選んだ遊びができない子ども（ひとり遊びができない子ども）、ひとつの遊びに集中せず、遊びが転々とする子どもには、「担任との 5 分間遊び」計画（p.73 参照）によって遊べるようになります。

　鬼ごっこ、ドッジボール、椅子取りゲームなどの集団遊びがわからない子どもには、絵図で見てわかるルールの説明、さらにロールプレイで遊びのプロセスを見せる、最後に小集団で遊びをするなどによって理解できるようになります。また、そのような子どもは、集団遊びの体験が少ないこともあるので、遊びの回数を増やすことも大切です。

　椅子取りゲームなどで負けると泣き叫んだり、その場から飛び出したりする子どもには、負けて活動や遊びが終わるのではなく、負けても復活できる遊びからスタートすると、次第に負けを引き受けられるようになり、最後まで活動に入っていられるようになることが多いです。

表9 「CLMと個別の指導計画」の特徴と効果

チェックより計画が主である

- 種々のチェックリストはチェックすることが目的になっていて、その後の支援計画が示されていないものが多い。
- 一方、「CLMと個別の指導計画」はチェックそのものではなく、計画作成を重要視している。
- チェックしなくても、毎日見られるエピソードが書ければ、そこから計画が作成できる方法である。

要因分析にもとづき、クラスのみんなと育ち合う、根拠のある支援方法である

- 問題行動（課題）からすぐに支援方法を考えるのではなく、問題行動（課題）の背景にある、認知能力、身体能力、行動特性、愛着形成などの観点から、要因分析したうえで、支援を導き出す方法である。
- 2週間という期間を区切って必ず成功するように計画を組み立てるので、子どもが自信を持ち、担任とも信頼関係が築ける方法である。
- 対象児だけではなく、クラスのみんなも取り組むので、クラスにいる他の気になる子どもにも有効であり、クラス全体の子どもが育つ実践保育のひとつである。

作成手順が明確である

- 手順どおりに進めれば誰でも作成できるマニュアルがある。

担任の保育の振る舞いかたがわかりやすい

- 「担任のための支援のシナリオ」と言われているように、担任がどのように環境設定をし、クラスのみんなと対象児に、「いつ・どこで・何を・誰に・どうするか」が保育の手順どおりに書かれた計画である。
- 計画をロールプレイで確認してから実行するので、担任は自信を持って取り組める。

気になる子どもの個性を大事にし、問題行動を発現させない「予防的な支援（保育）」である

- 知的にゆっくり発達している子ども、発達の凸凹の気になる子どもなどは、定型発達児と比較すると、「個性的」である。
- そのような子どもに対して、得意なところはさらに伸ばし、苦手なところは、支援を加えることによって失敗させない方法である。
- 保育所などにおいて、1日の流れに沿って自由遊び、設定遊び、生活習慣などから子どもを観察し、気になる課題を早期に発見し、問題行動が発現するまでに、子どもに必要な支援をする。そのことが問題行動を抑止する「予防的な支援」となる。
- 治すためではなく、育てるためのプログラムである。

途切れない連携のしくみ

- 保健・福祉・教育関係者の横の連携が図れる。
- 保育所・幼稚園などから小学校への縦の連携が図れる。
- 保健・福祉・教育によるワンストップ窓口の体制づくり、チーム力の向上につながる。

②保育者と子どもたちの信頼関係が向上する

　担任が、クラスの子どもたち一人ひとりの発達や、現在の保育を客観的に見きわめることによって、問題行動などの発生機序がわかるようなります。そして、子どもたちに失敗させない、成功体験を得させる予防的かつ自己肯定感を育む支援（保育）をすることによって、クラスの子どもたちからの信頼の絆が深まります。

「困ったときに先生に聞いてね」の担任の声かけで、子どもが「先生、○○教えて」と言ったとき、担任が「よく言えたね。○○のことはこのようにすればいいんだよ」と対応してくれることによって、うまくいくことが理解でき、担任との距離が縮まります。そして園で担任とともに行動した成功体験や楽しかったことを保護者に報告することで、担任と保護者との関係も良好になります。

③気になる子どもだけではなく、クラス全体がまとまる（クラス全体の底上げ）

わかりやすく、使いやすい環境を整えると、子どもたちが自主的に遊びや片づけなどをするようになり、担任の促しや注意、叱責が減ることになります。

子どもたちが自ら考え、友だちとうまくコミュニケーションを取れるような計画などによって、自己発揮、協力心、協調性などが育まれ、安定した好循環なクラスに育ちます。また、クラス全体の約束や活動・遊びのルールを明確にすると、楽しい活動のなかにも規律が生まれ、社会性が育まれ、子どもたちの逸脱行動が減っていきます。

担任は子どもの試行錯誤を認めつつも、**不必要な失敗をさせない支援**（問題行動発現の予防的な支援）をするので、子どもを褒めたり、認めたりすることが多くなります。そしてその担任の姿を模倣（同一視）する子どもたちがベースとなってクラスが落ち着きます。またクラスの子どもたち同士の遊びなどをとおして豊かな情緒的発達が促されていきます。

④保育者の保育力、発達支援の専門性の向上（人材育成）

CLM チェックをすることがアセスメントのひとつになっています。4 点（毎日その姿が見られる）をつけると、その行動を詳細に観察することになり、子どもの気になる行動の発生機序が理解できるようになります。

さらに、プロフィール、CLM の点数、エピソードからの情報により、対象児の見立てができ、要因分析力も向上します。その要因分析にもとづいて、保育環境の点検・見直し、クラスの他の子どもたちに対する発達支援、対象児に対する具体的な合理的配慮の組み立てができるようになります。また、保育の手順が明確になることから、わかりやすい「保育のシナリオ」を作成することができ、ロールプレイによって子どもにわかりやすく伝える技量も向上します。

⑤保健・福祉・教育関係者の横の連携

「連携」とは共通の目的のために連絡を取り合って物事を進めていくこと、と言われています。しかし実際には、連絡を取り合う程度もまちまちで、連携は次第に途切れていきがちです。そこで、「CLM と個別の指導計画」では、今後、必要な連携に向けて、まずは関係者が同じ場面を体験するしくみになっています。

「CLM と個別の指導計画」の集団チェックおよび作成検討会には、保健分野からは保健師、

福祉分野からは子ども家庭課や発達支援主管課の行政職・専門職（保育士・心理士など）、教育分野からは教育委員会指導主事、対象児の就学先の管理職・特別支援コーディネーター・1年生担任などが参加します。

　検討会で、保健・福祉・教育関係者に対しては、気になる子どもも他の子どもと同様に、「自立していく」が共通課題であるため、ライフ・ステージに沿った保健分野、福祉分野、教育分野における必要な支援を説明します。

　しかし、関係者はここにあげたような専門職ばかりではありません。そのような場合は、反社会的行動（暴言・暴力、授業中の飛び出し）、非社会的行動（自ら発信できない子どもの姿、不登校、引きこもり）などの例をあげながら、幼児期の姿だけではなく、子どもが自立していくプロセスを一般的な子どもの姿と比較しながら説明すると、理解してもらいやすいでしょう。

　気になる行動が発現する保育の場面で、集まった関係者が「**CLM 集団チェック**」を行うので、各関係者の「気になる行動」のすり合わせ（問題行動か、発達過程の一端かどうか、その程度など）ができます。次に例を見てみましょう。

事例　CLM 集団チェック時のすり合わせ

・秋の CLM 集団チェック時、"年長児クラスの絵本の読み聞かせの場面"で、A 君が絵本に集中せず、隣の B 君に話しかけるが反応がないと、B 君の椅子を足で蹴ったり顔を触ったりしている。

・関係者 C（福祉課主査）は「友だちにあの程度のことならいいのでは？　ぼくらも保育所時代にやっていたし、コミュニケーションのひとつかな？」。一方、関係者 D（教育委員会指導主事）は「『絵本を見ます』と先生に言われているのに、絵本は見ないし、友だちが嫌がっているのに嫌がらせをしている。この姿が毎日見られるなら、小学校ではもっと長い時間座って集中していないといけないので、さらに問題が広がらないか心配です」といったように、その後の検討会でもさまざまに意見交換がされる。

　このような場面を共有することにより、今後の関係者の連携の一助になります。

⑥保育所・幼稚園などから小学校への縦の連携

　年長児期に「CLM と個別の指導計画」で実践した適切な支援方法や、使った支援アイテムを小学校に引きつぐことによって、子どもは安心して就学できるようになります。たとえば、保育所などでスケジュールどおりの生活が定着していれば、時間割を見て次の行動に移ることはそれほど難しくはありません。また、トイレの前の「足形のところに並びます」を保育所などで練習していれば、学校のトイレの前の足形にも並ぶことができます。そのように考えると、保育所などでもわかりやすい環境を整えて、時間を意識して動く、指示されたことをする、といった保育が求められていると、理解していただけるでしょう。

2　CLM と個別の指導計画

なお、1年生クラスで使っている"しずかにカード"や"先生に注目カード"などを学校から年長児クラスの担任に渡しておいて、「かっこいい1年生のカードを使います」と、年長児期から就学を見据えて学校で使うアイテムを活用している保育所もあります。

⑦保健・福祉・教育によるワンストップ窓口の体制づくり、チーム力の向上

子どもの発達支援で不便なのは行政機関の連携が途切れていることです。子ども支援のスタートは、健診や相談などの対応を含め、母子保健担当の保健師が保護者に対応することが多いと思います。その後就園すると、保健師も対応はしますが、日々の子どもの行動については、園長や担任が相談を受けることになります。そして就学時には教育委員会や就学先の管理職、担任がその任を担うことも多いでしょう。各自治体の保健・福祉・教育の関係機関が、子どもや保護者にとって有益な情報が交換されていればよいのですが、連携がうまくいかずに支援が途切れてしまうことも多々あるようです。また、保護者にとっても、職員の異動などによりたびたび担当者の変更がある場合、信頼関係がうまく結べず、その結果、子ども支援の遅れにつながることもあります。

そこで本書の「はじめに」でも話したとおり、三重県では、保護者をたらい回しにさせず、途切れなく子どもや保護者を支援するしくみとして「発達支援室」や、人口の少ない自治体では「発達支援ネットワーク」を設置しました。そこに、1年間児童青年精神科医療・福祉施設でトレーニングを受けた保健師・保育士・教員（みえ発達障がい支援システムアドバイザー）、半年間のトレーニングを受けたCLM専任コーチを配して、子どものライフ・ステージに応じた支援ができるようにしています。彼らは、各職種の専門性をそれぞれ生かしながらチームで活動し、自治体での発達支援専門職員として市民に貢献しています。

保育のポイント

・「CLMと個別の指導計画」を用いて、気になる子の支援とクラス全体の支援を行う。

　　☆気になる子の支援は、クラスの他の子どもへの支援とバランスを保ちながら、日常の園生活で、育ち合いを軸として、適切な支援を行うことを目的としている。

　　☆クラスづくりと他の気になる子への支援も同時に解決できる。

　　☆途切れのない発達支援と連携が大切。

・適切な支援とは、すべての子どもにわかりやすい保育・教育であり、規律のある保育・教育である。

◆「CLMと個別の指導計画」のサイクル

事例　友だちが使っている物を取ってしまって、トラブルになるA君

1．気になる姿（問題行動）　➡　友だちの遊んでいる物を取ってしまう。

2．なぜ？（要因）

- → ① 自分の物と他人の物との区別がつかない。
  - ② 貸してもらう方法がわからない。
  - ③ 貸してほしい衝動が抑えられない（今すぐ使いたい、我慢できない）。
3. どのようになってほしい？（目標）
   - → 友だちが遊んでいる物がほしいときは「貸して」と言えるようになる。
4. どうしたら？（要因と支援の組み立て：担任の支援のシナリオ）
   - → ① 公共物には園のマークを貼り、私物には子どもの名前を書く。【全員】
     - ② 「貸して」、「いいよ」、「待って」のロールプレイをクラスみんなでする。【全員】
     - ③ 少し待てば自分の順番が来ることがわかるようにする。【個別】
       - （例）「3分の砂時計の砂が落ちたら、次はA君の番だよ。先生と一緒に待とうね」と言って、担任はA君と砂時計を見ながら一緒に3分待つ。
5. 結果　→　クラスのみんなとともにA君もルールを守り、トラブルが減る。A君は希望を持って我慢の力をつける。

このように、「CLMと個別の指導計画」は、**課題（問題行動）** → **要因分析** → **目標** → **支援** → **結果・評価**、と組み立てます。ちなみに、要因がすぐに玩具を使いたい、順番が守れないといった衝動性の高い子どもに、我慢の力をつける支援としては、①子どもに、見て理解できる見通しをつけること、②回数や時間（数量）を見ながら我慢すれば順番が来ること、③最初は一緒に待ってくれる人（担任）がいることが有効です。また、トイレで並んでいるとき、後から来て、他の子どもを押しのけて一番前に並ぼうとする子どもの支援は、①まずは2番目に並ばせて、できたら褒める、②次に3番目に並ばせる、といった具合にスモールステップで支援を引いていく方法も有効です。

この要因分析から結果・評価までの手順は、図4と表10のとおりです。

図4　「CLMと個別の指導計画」の要点

表10 「CLMと個別の指導計画」のサイクル

①要因分析	ここでは問題行動の背景にある要因を探り出す。たとえば、「理解」、「記憶」、「特性」、「モチベーション」などを基準に分析してみるとよい。 （例）自由遊びの後の片づけのとき、担任が「お片づけしましょう」と言っても片づけない。 ・理解　➡　「先生がことばで指示をしただけでは、何をするのかがわからないのかもしれない」 ・記憶　➡　「することはわかったけれど、玩具や友だちを見ているうちに忘れてしまうのかもしれない」 ・特性　➡　「片づけをすることはわかっているし、覚えてもいるけれど、いつまでも遊んでいたい。次への行動の切りかえができないのかもしれない」 ・モチベーション　➡　「すべきことの理解もしているし、どのようにすればよいかもわかっているけれど、やる気になれないのかもしれない」 要因は、仮説でよいのでいくつか選んで決める。
②計画	計画作成をするエピソードを決める。エピソードを決める優先順位は、対象児の発達を見きわめ、成功しそうなことから選ぶとよい。 ・2週間で達成できる目標を設定する。長期間の取り組みは子どもも担任も飽きることがある。 ・いくつかの要因から2〜3の要因を決める。 ・その要因を解決する支援方法を組み立て、必ず成功する根拠のある計画をつくる。高い課題は、課題を細分化してから実践するとよい。
③実施	担任による支援方法を決めたら、期間内は同じ手順で行うようにする。 ・できないことに対しては90％（9割）支援して、10％（1割）だけ対象児にさせる　➡　担任が見守るなかで、子どもが成功体験をする　➡　自尊感情の向上と担任への信頼関係が構築できる。 ・行動の定着が図れたら、支援の引き算〔80％（8割）、70％（7割）と支援を徐々に引いていく〕を始める。子ども自身のする行動が増え、発達が促される。
④結果・評価	2週間で目標が達成されたかどうか、○×をつける。必要であれば、コメントを書く。 ・対象児、クラスの他の子ども、担任について効果などの評価をする　➡　新たな計画を作成する。 ・これを繰り返し、クラス全体の支援と個別の発達支援を継続する。

3 「CLM と個別の指導計画」における支援の組み立て

◆**クラス環境の整え**

・どの子にもわかりやすく、規律のある保育を。
・場所、時間、手順をわかりやすく。

場面①　登園時：朝の荷物片づけ

- 朝の支度が 1 か所でできる、「わかる」コーナーに加え、子どもたちが遊んでいる姿が見えない工夫。
- 手順表順に置けば片づく。
- 刺激の少ない環境
・テラスや靴箱の上に昆虫や気になるものを置かない。
・広いテラス（廊下）で支度をして、かばんだけを持って保育室のロッカーに入れる。

場面②　遊んだ後の片づけ

- 物の置き場所がわかる。

- 時計にシールを貼って片づけの時間がわかる。

- グループで片づける物がわかる「グループ片づけ表」。

- 制作の途中のものは吊るしておく。次にするときの見通しが持てる。

- お道具箱は金曜日に写真どおりに整理する。

- 工作やブロックの作品は、個人の旗をつけて、作品飾り棚に置く。

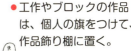

場面③　朝の会

- 今日することのスケジュール
  - ひっくり返して花丸
  - 差しかえるスケジュール
  - 年長用は時計・文字・絵
  - 年少・年中用は絵を大きく、横に文字も入れておく。

- スケジュールを指す棒：棒の先につけるアイテム
  （昆虫、電車、花、食べ物、アクセサリーなど）

- 「お話は静かに聞きます」の約束表
  （しずかにカード、後で質問できます）

場面④　集団活動

- 折り紙の手順表
  - 2工程のおにぎり、3工程のちゅうりっぷなど簡単なものからスタート！

- 活動時の机の配置
  - 話し合いなどは前向きで。ただし刺激し合う子同士は席を離す。
  - 制作時は学校方式並び。

- 並びかた、集まり方
  - 写真、名前とシールで並ぶ順を示す。

  - カーペットや敷物（ゴザ）に個人シールを貼っておく。

  - グループで並ぶ　➔　色でグループ分けする。机上にもそのグループの色のカードを貼っておく。

| 場面⑤　落ち着ける場所 |

- つい立てを利用する（絵本やぬり絵に集中できる）。
- 段ボールハウスを利用する（人形でひとり遊び、友だちとままごと遊び）。

◆「クラス全体の支援」

・「クラス全体の支援」としてクラスルールを明確化し、誰もがわかりやすい、クラスの仲間を認め合う保育を行う。
・自主性・主体性・社会性を育成する。
・要因から支援を考える。
・集団遊びでは「遊び」の要素を捉え、効果をねらった遊びを展開する。

①要因から支援を考える

場面	要因	支援
朝の会に集まらない	いつ集まるかががわからない（集まる時間がわからない）	・集まる時間をあらかじめ時計に示し、予告しておく。 ・集まる時間になったら声かけをする。 ・音楽やチャイムで知らせる。
	急がなくてもよいと思っている	・カウントダウンで知らせる（「ゼロになる前に集まりましょう。じゅう、きゅう、はち…」）。（❶）
絵本に集中できない	周りが気になって集中が途切れる	・集中できる環境を整える。➡ 読み手の背景に刺激となるものを置かない。クラス全体を静かにしてから、絵本を読む。
	絵本の内容がわからない、興味がない	・絵本はストーリーがシンプルで、絵が大きく、読む内容が長くないもの、リズミカルなものを選ぶ。 ・子どもたちからあらかじめ希望を募り、絵本を5〜6冊準備しておく。 ・子どもたちの要望や反応によって「今日の絵本」を選んで読む。

❶

給食の準備に時間がかかる	一連の行動が長い	・短くする。 ①トイレに行って手を洗って座る。 ②給食袋を出して座る。 ③順番に給食をもらいに行く。 ・「トイレに行って手を洗って、給食袋を出して順番に給食をもらいに行く」という一連の動作の途中で集中が途切れたりするので、①〜③のように行動は細かく区切って、習慣化すると定着が早い。
	クラス全体が一度に行動するので混みあう	・グループごとに準備する。（❷）
給食中の立ち歩き	ルールが決まっていない	・「ごちそうさま」をするまでは立ち歩かないルールを決める。
	ルールを理解していない（忘れてしまう）	・クラスみんなにルールをカードやことばで知らせる。忘れている子には、個別に「給食は座って食べようね」と声をかける。
	量が多くて食べられず、集中が途切れる	・ご飯の量やおかずの量を大・中・小に準備して並べておく（p.56参照）。 ・「自分が食べられる分を取って食べようね」と伝える。
友だちが使っている玩具を取ってしまう	貸してもらう方法がわからない	・「貸して」と言って、「いいよ」と言われてから使うことを伝える。 ・貸すときは「どうぞ」、借りるときは「ありがとう」と言うことも伝える。
	すぐに使いたい気持ちが抑えられない	・順番に使うときはタイマーや砂時計でルールを決めて保育者と一緒に待つようにする。
片づけができない	遊びから気持ちが切りかえられない	・事前に片づける時間を知らせる。 ・「あとすこしで片づけるよ」と時計を見せて知らせる。（❸） ・「10数えたら終わろうね」とカウントをする（いち、に、さん…）。（❹） ・「音楽が鳴っている間に片づけようね」と音楽を流す。（❺）

片づけができない	物の置き場所がわからない	・カードや写真カードを貼って、片づけの場所をわかりやすくする。
集団遊びに参加できない	遊びのルールが理解できない	・見て理解できるように絵や図で説明する。 ・遊びの理解ができない子には、遊びの流れやプロセスを見せて説明するとわかりやすい。ロールプレイでわかりやすく示す。 ・気になる子どもを主人公にして展開する。
	勝ちや一番にこだわる	・「勝ち」や「一番」だけを絶対の価値基準にしないような対応が望ましい。 ・ルールにバリエーションを持たせる。 　（例）並びかた ・園では自由に並ぶことが多く、早く並んだ子どもが早くできるチャンスを得るので以下のように指定する日があってもよい。「グループ順」、「男女別」、「背の低い順」、「並んだら回れ右」と言って後ろから出発する（後ろが一番前になる）、ジャンケンをして「今日はいつもと違ってチョキ、グー、パーの順番に出発します」。 ・（例）集団遊び 　1回負けてもまた挑戦（復活）できる遊びからスタートする。
	自分の主張を通そうとする	・クラス全体に勝ち負けのジャッジは先生がすることを伝える。(**6**)
喋ってはいけない場面でもよく喋る	喋りたい衝動を抑えられない（**7** → 次ページ）	・個人的に十分話をする時間を持つことを保障する。 （例）「お話タイム」 ・朝の会など黙って聞く時間の後に「お話タイム」をつくって、話をしたい子には時間を取って話を聞く。
	状況が読めない（喋ってはいけないことに気づかない）	・"しずかにカード"を黙ってソーっと見せて気づかせる。 ・「今はお店屋さんごっこの話をしているよ。A君も聞こうね」と気づかせる。

①
②
③
④

安全に行動できない	交通ルールが理解できない	・絵本や紙芝居で交通ルールを知らせる。（8）
	興味のあるほうに突進してしまう	・散歩の前に約束を守って行動するように伝える。①「車を見に行かない」、②「走らない」、③「昆虫を探さない」。（9）
眠ること（午睡）ができない	午睡が習慣になっていない	・午睡の時間になったら「今からお昼寝です」と静かに「休息」させる。 ・午睡の習慣を整える。
	興奮がおさまらない	・眠っている友だちの迷惑にならないように別室で休息させる。 ・友だちと同室でも、つい立てやカーテンで仕切り、眠れる環境を整える。 ・落ち着く玩具を与えて休息させる。
帰りの準備ができない	持ち帰るものがわからない	・1か所に持ち物（タオルかけ、歯ブラシ、コップなど）を集め、みんなで一緒に確認しながら準備する。 ・持ち帰るものを絵や図で示す。
	いつから準備を始めたらよいかわからない	・音楽を流して準備開始を知らせる。 ・①時計の「5」になったら玩具を片づける。②玩具を片づけたら帰りの準備をする。
スムーズに帰れない	気持ちが切りかえられない	・帰りの約束（園庭で遊ばない、おうちの人と手をつないで帰る）を決める。 ・帰りの儀式を決める（担任が個別にハイタッチで「バイバイまた明日」）。 ・保護者の協力：帰ってから子どもが楽しみになるようなことを伝えてもらう（家に帰ったら楽しみがある）。

【支援のステップ・引き算の順序：①　➡　⑦】

①行動のすべてに手を添えて支援する。
　・することを支援者がモデルになって実際にして見せる。
　・次に手を添えて同じ行動をさせる。
②部分的に手を添えて支援する。
　・モデルになって見せ、絵・図・文でも示す。
③指さしで促す。
④声かけで促す。
⑤はじめと終わり、または部分的に③④の支援をする。
⑥少し離れて見守る。困ったときだけ支援する。
⑦全体のなかで見守る。

　支援の必要な子どもが、最初から「目標とする行動」が手助けなしにできることは、ほとんどありません。支援のコツは、最初は手助けを多くし、できるようになったら、上手に支援を減らしていくこと（**支援の引き算**）です。支援を引くことは発達を促すことにつながります。

2　CLMと個別の指導計画

②集団遊びのあれこれ

気になる姿	遊びの種類	効果・ねらい
・ひとり遊びが多い。 ・友だちとのやり取りが苦手。	・カラフルジャンケン （色カード集め）	・友だちをひとり見つけ、ジャンケンする。何回もできる。ジャンケンで勝っても負けても成功体験が得られる。
・勝ち負けにこだわり負けるとその場からいなくなるなど、遊びが続かない。	・ヘビジャンケン	・チームを意識し、何回でもジャンケンに挑戦する。 ・自分ひとりのゲームで負けるとダメージが大きいが、グループ戦なので続けられる。
	・復活椅子取りゲーム	・負けを引き受けることができる。 ・負けても再チャレンジする気持ちが育つ。
・ひとり遊びが多い。 ・友だちとペースを合わせられない。 ・友だちと協力して遊べない。 ・遊びの役割ができない。	協力してつくり上げる遊び ・ケーキすごろく（2〜3人一組） ・パフェをつくろう（3人一組）	・友だちとペースを合わせることができる。 ・自分の役割ができる。 ・3人がそれぞれの役割を果たすことによってひとつのもの（作品）ができあがる喜び・楽しさを味わえる。
	数や文字を意識した遊び ・ボーリング	・役割ができる。 ・ゲームの進行にテンポを合わせることができる。 ・数や数詞の意識が高まる。 ・順番を守る。
	・猛獣狩り	・動物名の文字数がわかる。 ・友だちを誘いに行く。 ・友だちに誘われたら応じる。
	・おなまえドット	・文字が読める。 ・数がわかる。 ・友だちと協力する。
・運動能力がクラス全体の発達から少し遅れていたり、偏っていたりして、ぎこちなく、一斉活動時にやらなかったり、やれなかったりする。	年齢や特性に応じて対応できる遊び・運動 ・トントン相撲	・協応動作ができる。 ・力加減の調節ができる。 ・友だちと協力して遊ぶ。
	・とび箱	・自分の力に合わせたとび箱遊びができる。 ・成功体験により苦手意識を軽減する。 ・挑戦する気持ちを育む。

114

※巻末の事例集で「CLMと個別の指導計画」として掲載している集団遊びもありますので、合わせて参照ください。この表とは一部内容の異なるものもあります。

遊びかた	備考
・ランダムに歩き、音楽が止まったら友だちを見つけてジャンケンし、勝った子が「○○色ください」、負けた子が「どうぞ」と渡す。勝った子が「△△色どうぞ」、負けた子が「ありがとう」とやり取りをする。ほしい色をもらい、集める。	・色だけでなく、動物ジャンケン、昆虫ジャンケンなど、集めるカードを変えても面白い。
・2チームに分かれジャンケンをして相手の陣地に入ったら勝つゲーム。（❶）	・負けても何度でも挑戦する間に、負けに対する耐性が期待できる。（→ p.118 ヘビジャンケン）
・椅子を並べて椅子取りゲームができるようにする。 ・あらかじめアウト席（応援席）に椅子を1つ置いておく。 ・1回でアウトになった子はアウト席に行くが、2回目にアウトになった子と交替してゲームに戻る。	・1回我慢すると「復活」できるので希望を持って待てる。 ・従来の椅子取りゲームは1回負けると再チャレンジの機会がない。 ・負けの耐性、再チャレンジ心を育成するためには、①復活椅子取りゲーム、②ヘビジャンケン、③ジャンケン列車の順に提供すると効果的。
・3人1チームで、①サイコロをふる人、②止まったすごろくマスでフルーツを取る人、③ケーキにフルーツを盛りつける人に分かれて、ケーキをつくり上げる。（→ p.118 ケーキすごろく、パフェをつくろう）	・ひとり遊びをしている子も簡単な役割で仲間に入れる。 ・ケーキやパフェなど見た目にかわいいおいしそうな物ができ上っていくので、ゲーム中楽しい雰囲気になる。
・①投げる人、②ボールを元に戻す人、③ピンを元に戻す人、④倒れたピンの数を数える人、⑤表に倒れたピンの数を書く人……いろいろな役割をつくって進める。	・役割を増やしたり減らしたりできる。 ・ピン（例：ペットボトル）の数も増減できる。
・保育者が動物の名前を呼び、その文字数と同じ数の友だちのグループをつくる（例：「コアラ」→3人集まる）。（❷）	・保育者に代わって子どもが動物の名前を呼ぶ係にしても楽しめる（係は交替する）。 ・積極的に友だちを探しに行く子、待っている子、いつも誘われない子などの観察をして、いつも誘われない子がいる場合、保育者はさりげなく援助する。
・ペアまたはグループで、①の机の文字カードと、②の机のドットカードをマッチングさせ、時間内に多くマッチングさせたペアまたはグループが勝ち。（❸）	・文字数、ドット数はその年齢までの数にする（例：4歳なら4文字まで）。
・紙でつくった土俵の上に紙でつくったおすもうさんを乗せ、「トントン」と土俵を叩き、おすもうさんが土俵の外に出たり、転がったりしたら負け。	・相手の子も楽しめるよう、力を入れすぎたり、自分勝手に進めないように見守る。
・1段、2段、3段のとび箱を準備し、「自分がとべるとび箱をとんだらいいよ」と伝え、とび箱遊びをする。	・みんなと同じ体験をする。 ・自分の運動能力がわかり、それに見合ったとび箱を選べる。 ・他児の姿を見ているうちに、もう少し高いとび箱に挑戦する気持ちになるかもしれない。

・不器用（ハサミや箸がうまく使えない、ボタンがはめられない）。 ・体幹が弱い〔お山すわり（体育すわり）ができない、椅子に座っても姿勢がずれ、前のめりになる〕。 ・身体全体のコントロールの弱さがある（歩いたり、走ったりしてもよく転ぶ、フラフラするなど）。	年齢や特性に応じて対応できる運動	・平均台	・成功体験により苦手意識を軽減する。 ・挑戦する気持ちを育む。 ・バランス感覚の育成。
		・園庭サーキット	・身体の使い方が上手になる。 ・自分の体のイメージ（ボディイメージ）がつかめ、転んだり、フラフラしたりすることが少なくなる。 ・大型遊具の使い方が上手になる。 ・体幹が鍛えられる。
・クラスの子どもたちが協力して遊ぶ姿が少ない。 ・自らの考えを言って主体的に遊びをつくっていくようすが見られない。 ・クラスの友だち同士が認め合う姿が少ない。		・鬼ごっこ「ガッチャン」	・話し合いによって作戦を立てる。 ・作戦によって役割を決め、役割を果たす（役割：相手をつかまえる、味方を助けに行く、鍵番など）。 ・仲間意識の芽生えによって、助け合う気持ちが育つ。 ・「助けて」、「つかまった」、「待ってて、今行くよ」など、ことばや行動でのコミュニケーション力が育つ。
		・宝さがし	・相談力、まとめる力、協力心が育つ。
・ふだんの会話はできる。また、絵本の読み聞かせの途中でも喋り出すが、人の前に立って発表する場面などでは喋れない姿がある。 ・自分の思いが言えない。	イメージしながら話す	・お話さいころ	・自ら考えて発表する。 ・テーマに沿った発言ができる。
	思い出して話す	・今日した遊びの発表	・数時間前に体験した遊びを思い出して話す。

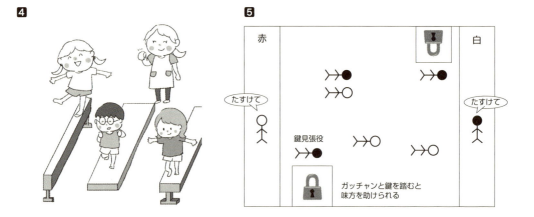

・平均台は、①一般的なもの、②低い幅広のもの、③①と②の中間くらいのものの3本を準備し、並べておく。 ・「自分が渡りたい平均台を渡ればいいよ」と伝え、平均台遊びをする。（**4**）	・とび箱と同じで、子どもは自分の運動能力に応じたものを選び、挑戦できる。
・園庭に並んでいる順に大型遊具に挑戦する。1日1～2回。 ・「すべり台はすべることが怖かったら階段を登って降りてきてもいいよ」、「ブランコは10回、こいでも、座っているだけでもいいよ」、「鉄棒は逆上がりでも、ぶら下がるだけでも、ブタの丸焼きでも、つばめでもいいよ」、「ジャングルジムは登っても、くぐってもいいよ」と伝える。	・園庭にはすべり台、ブランコ、鉄棒、ジャングルジムなど大型遊具が揃っているので、それらを利用したサーキット遊びをとおして成長・発達を促しましょう。 ・無理をさせず、自ら挑戦する姿を褒めましょう。 ・園庭サーキットに1回挑戦したらチャレンジカードにシールを貼るようなルールにすると、子どもにやる気スイッチが入る。
・2チームに分かれる（赤・白）。 ・時間を決め、相手チームの子をつかまえ、自分たちの牢屋に連れてきて入れる。 ・全員をつかまえたチームが勝ち。 ・途中、鍵のところを「ガッチャン」と踏んで、味方を全員助けてもよい。	・時間を決めて行う。全員つかまっていなくても、終了時点の人数で勝敗を決める。 ・遊びの名前は、味方を助けるために牢屋の鍵を「ガッチャン」と踏むことから来ている。（**5**）
・担任は、子どもたちがわかる物や玩具（お宝）などを保育室や廊下、ホールなどに隠しておく。 ・隠してある物や玩具にはグループの番号がつけてある。 ・各グループは、宝さがし地図を見ながら自分たちの番号のついた物や玩具（お宝）を探す。 ・自分たちの番号でないお宝は元のところに置いておく。 ・決められた数だけお宝を早く探したチームが勝ち。	・隠し場所の例： 保育室・廊下・ホール（**6**）
・さいころの目のところに質問が貼ってあり、出た目のところの話をする。 Q「好きな動物は何ですか？」、「それはどうしてですか？」 ➡ A「好きな動物はウサギです」、「耳が長くてかわいいからです」 Q「好きな食べ物は何ですか？」、「それはどうしてですか？」 ➡ A「好きな食べ物はアイスクリームです」、「甘くて、体がスーとするからです」	・この質問をいろいろ変えて楽しむことができる。 ・例：赤い色のものは何ですか。まるい物には何がありますか。「あ」のつくことばを言いましょう、など。
・朝の会で「帰りの会のとき、何して遊んだか、みんなで発表し合いましょう」と伝えておく。 ・帰りの会で荷物の準備ができたら、順番にお話をさせる。 ・どのように話していいかわからない子には、話すカードを見せて援助する。（**7**） 　きょう　ぼくは　○○してあそびました 　　　　（わたしは）	・砂場、ブランコ、鬼ごっこなど、いくつも遊んでどの遊びを言っていいかわからない場合は、「何が一番面白かった？」と質問し、「砂場」などと答えたら、「じゃあそれを言いましょう」と伝える。 ・給食でおいしかったメニューの発表も同様にするといいでしょう。 ※この○○に入る絵カードも準備しておくとスムーズにできる。

6
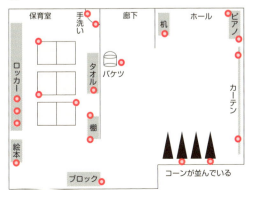

7

ヘビジャンケン	ケーキすごろく	パフェをつくろう

◆「個別の支援」（成功体験の共有・信頼関係の構築）

・問題行動を起こさせない、予防の観点での支援

☆できない　➡　できるように

☆人を叩く　➡　叩かせないように

☆飛び出す　➡　飛び出させないように

・成功体験、自己効力感

☆できない　➡　気を引く行動　➡　叱る・ひとりでさせようとする　➡　不適切な行動

☆できない　➡　90％支援　➡　「できた」成功体験　➡　適切な行動　➡　支援の定着　➡　支援の引き算（ステップアップ）

・褒める支援

☆褒める支援は子どもが先生に近づく（信頼関係が深まる）

☆注意・叱る支援は子どもが逃げる（人手がいる。先生が嫌いになる）（下図；p.122の事例も参照）。

2　CLMと個別の指導計画

①問題行動を起こさせない、予防の観点での支援

★できない → できるように

問題行動を起こさせない予防的な支援は、子どもが困っていることを一緒に解決することです。できないことがあれば担任と一緒に行動して、「できた」という成功体験を持つことによって信頼関係が生まれます。その際には課題のレベルが高すぎる、課題の量が多すぎるなどの点検が必要となります。子どもによっては課題の軽重を考える必要があります。

事例①　朝の荷物の片づけができないA君

・朝の荷物の片づけができないA君は、担任が何度注意をしてもいつまでも片づけない。そして担任が注意するとかんしゃくを起こしたりする。
・片づけるものは、①水筒、②タオル、③出席ノートにシールを貼る、④かばんをロッカーに置く、であり、このとき友だちを見ていて片づけない。

☆この場合、環境を整え、片づけやすい工夫をする。

☆初めからすべての物を自分で片づけさせるのではなく、課題の量（数）を減らす。

・①水筒、②タオル、③出席ノートにシールを貼る、までを担任が手をつないでやって見せる。子どもには「A君、ロッカーにかばんを置いてきて」と伝え、置く場所を示す（担任が①②③を行い、子どもは④だけ行う方法：90％支援）。

☆「できた」を大事にする。

☆この行動が定着したら、③④を置かせる、次には②③④と置かせる、最後には①②③④を置かせる。

☆期間はそれぞれ1～2週間。

☆手添え、指さし、声かけの順に支援を引いていく。

☆よい行動の獲得は、コツコツと同じ方法で行うことにより定着、習慣化する。

事例②　ひとりでズボンがはけないB君

・B君はひとりでズボンをはくことができない。その際の手順として、

☆腰のところまでズボンを上げておき、最後の引き上げだけさせる。「いち、に、さん」の「さん」だけさせる。

☆次には、太もものところまでズボンを上げておき、「いち、に、さん」の「に、さん」をさせる。

☆足首のところにズボンを置き、「いち、に、さん」で引き上げさせる。

・このように、まずは最終工程だけさせて成功すれば、次に2工程だけ、最後は3工程すべてと、

スモールステップで支援する方法が、子どもには負担が少ない。

★人を叩く　→　叩かせないように

人を叩く子どもがいます。悔しい思いをしたとき、思いどおりにならないとき、いろいろな場面でことばよりも先に手が出てしまう子どもがいます。このようなときは、保育者は子ども同士の仲立ちをして、お互いの気持ちを伝え合い、仲よくなるように介入します。

事例③　友だちを叩こうとするC君

- その場面では、まずは友だちを叩こうとしているC君の手を止める。
- そしてC君に対して、「D君にあんなこと言われて悔しかったよね」（「C君の折り紙、何かわからん。へたっぴーや」と言われた）

- 「ああいうこと言われたら先生も悲しい。本当に辛かったね」と共感し、子どもの気持ちを受け止める。
- 「でも、D君を叩かなかったからよかった。よく我慢したね」と言って褒める。

- そして保育者は子ども同士の仲立ちをして、お互いの気持ちを伝えあい、仲よくなるように介入する。
    - ☆①振り上げた手を止める。
    - ☆②悔しい気持ちを共感し、気持ちを受け止める。
    - ☆③「暴力しなくてよかった」と褒める。
    - ☆④仲よくなるように間に入る。

★飛び出す　→　飛び出させないように

事例④　プリントをせず教室を飛び出すE君

- 小学校3年生のクラス。担任が算数の時間、計算の説明を終えた後、プリントをするように伝えた。E君はプリントをせずに教室から出て行こうとした。このような状況のとき、そばについている支援員の対応はどのようにするといいかと、聞かれたことがあった。「E君が教室から飛び出したとき、私（支援員）も、一緒についていったほうがいいですか？」と。
- まずは要因を探りたい。みんなが学んでいるときに飛び出すのは、「ここに居たくない」→「なぜか？」→「みんなと一緒のことができない」→「プリントができない（難しい？　量が多い？）」などが考えられる。そこで、2つの仮説を考えてみた。

2　CLMと個別の指導計画

(1) 飛び出させず支援員が援助する場合

☆飛び出そうとする行為を止める。

☆「先生が手伝うから一緒にプリントしよう」と誘う。

☆結果、援助してもらい、最後までプリントをすることができた。

(2) E君が校庭に飛び出してしまったので、支援員もその後を追いかけた場合

☆飛び出したE君の後を追って支援員が「教室に戻ろう」と誘っても、教室に誘導するのは難しい。その場で寄り添って過ごす可能性が高い。

☆教室では算数の授業が終わり、次の授業が始まったり、休み時間になったりするが、E君の算数プリントや教科書は教室でそのままになっている。

☆そして担任が「プリントの残ったところは宿題です」などと指示があった場合、E君はプリントを自宅でしてこられるのだろうか？

☆本日、学ぶべき授業内容を学べずに終わるのではないだろうか。

どの子どもも、"本日学ぶべき課題"は授業中に解決できる体制を整えたいところです。E君のように、"できない課題"にぶつかったときにも、子どもを不安にさせない関係づくりが求められます。できない体験が積み重なると、登校しぶりや、飛び出しなど、気になる行動が増えるのではないかと心配になります。

②成功体験、自己効力感

できないことを担任と一緒に行って、成功体験を共有し、信頼関係の育成にも役立つ方法を考えてみましょう。

事例 絵を描くのが苦手なFさん：人物画を描く場面

・Fさんは、絵を描くことが苦手。「今日はお母さんの絵を描きましょう」と人物画を描く課題が出された（家庭環境に配慮すべきことはわかっているが、例として扱わせていただきたい）。

（1）日々の保育から子どもの得意なことや苦手なことがわかっていない保育者の場合、または苦手なことがわかっていても、子どもを援助すると甘えさせてしまい、その後の成長によくないなどと考えてしまう保育者の場合

☆担任「もうじきお母さんの日の参観日だから、お母さんの絵を描きましょう」と伝えた。

☆クラスの子どもたちは一斉に母の絵を描き始めた。➡ しかし、Fさんは描かないので担任は「早く描きましょう」と何度も促す。➡ Fさんはイライラした素振りで、画用紙を破ってしまった。➡ 担任は「どうして画用紙破るの？」、「もう1枚あげるから早く描きましょう」と強い口調で促す。➡ するとFさんは保育室から飛び出した。

☆母の日の参観日には、母を描いた子どもの絵が後ろに掲示してあった。Fさんは自分の絵がないので後ろを見ようともしない。母の気持ちも複雑であった（p.119の漫画も参照）。

（2）日々の保育のなかで、Fさんの得意と苦手がよくわかり、Fさんの気持ちを察し、援助のうまい保育者の場合

☆あらかじめFさんと話をしておく（予告）。

☆担任「Fちゃん、もうじきお母さんが保育園に来てくれる日だから、お母さんがうれしくなるように、お母さんの絵を描いて後ろに貼ろうと思うけど、どうかな？」

☆Fさん「私、描けない」

☆担任「先生と一緒に描こう」

☆Fさん「うん、わかった」

・母の絵の描画

担任が「もうじきお母さんの日の参観日だから、お母さんの絵を描きましょう」と伝えた。クラスの子どもたちは一斉に描き始めた。Fさんに対して、

☆担任「Fちゃん、お母さんの目が点線で描いてあるから、それをなぞってみようか？」、「今日は目だ

け描くよ」、「あとは先生がみんな描くよ。先生はお助けマンです」、「ほら先生と一緒にお母さんの絵が描けたね」、「みんなと一緒に後ろに貼っておこうね」

☆Ｆさん「私も先生と一緒にお母さんの絵が描けた！」、「後ろに貼ってもらった！」

☆母の日の保育参観の当日、お母さんもうれしそうにしていた。

☆今回の支援は目だけ点線なぞりをさせるという10％のことを子どもにさせて90％を担任が支援した。

☆このような方法で何回か絵を描く体験をすることによって、苦手なことも先生に手伝ってもらえばいいんだ、といった気持ちが芽生え、担任との関係も深まる。

☆次にＦさんの成長を考えると、いつまでも90％支援をするのではなく、支援を引いて成長させたいと考える。

・**父の絵の描画**

担任「次はお父さんが保育園に来てくれます。参観日です」、「今度はお父さんの絵を描いて、後ろに貼ってお父さんを歓迎しましょう」。クラスのみんなは一斉にお父さんの絵を描き出した。

☆担任「Ｆちゃん、お母さんのときは目が描けるようになったよね。だからお父さんの絵を描くときは、目と鼻を描こうね。目の上には眉毛もあるから描けるといいね」、「点線なぞりがいいかな？　それとも先生が描いたお顔の見本を見て描く？　Ｆちゃんが描きやすいほうを選んでいいよ」と伝える。

☆Ｆさんは目と鼻を点線なぞりで描いた。

☆今回もみんなと一緒に保育室の後ろの掲示板に貼ってもらい、うれしそうにしていた。

このように、Ｆさんの支援は、母の描画のときは90％支援、父の描画のときは80％支援と、支援を引いていきました。それはつまり、Ｆさんは母のときは10％の力、今回の父のときは20％の力を発揮し、スモー

ルステップで成長していったことになります。このように成功を体験してから、丁寧に支援を引いていくことによって発達を促す支援は、子どもの心を傷つけない方法のひとつです。

- 褒める支援は子どもが先生に近づく（信頼関係が深まる）。
- 注意・叱る支援は子どもが先生から逃げる（先生が嫌いになる　➡　逃げる　➡　人手がいる）。

　☆子どもは身近な大人（担任）に"認められたい、褒められたい"と思っている。保育所などでは、子どもの行為に対して「素敵だね」、「すごくいいね」、「やったね」、「グッジョブ」、「かっこいい！」、「花丸だよ」、「さすが！」、「先生も大好きだよ」などと、大人からみれば当たり前のことや毎日行っていることに対して、子どもの心に響くような声かけが大切である。

　☆子どもは毎日、何回でも認められたいもの。そして、一緒に遊んだり、活動したりすることによって、子どもは先生が大好きになって、ますます心の距離が近づき信頼関係が深まっていくと考えられる。

　☆一方で、子どもを見張っているかのような大人の目つきや振る舞い、子どもが何をしても認めず、細かな注意や叱る行為は、子どもはその大人を嫌いになり、離れていくことにつながっていく。

　☆すると大人は、子どもを追いかけるのに人手が必要になってくる。さらに追いかけられると子どもは逃げ、大人との関係は劣悪になっていく。

- 子どもから近づいてくる関係であるか、子どもを追いかける関係であるかによって、子どもとの心の距離が測れる。ぜひ子どもが近づく関係をめざそう。

2　CLMと個別の指導計画

3

「CLM と 個別の指導計画」 の作成

1　全体の流れ

- 事前準備　➡　当日　➡　評価会　の流れを繰り返す。

　「CLM と個別の指導計画」の作成の手順は決まっています（図5）。まず事前準備をします。集団チェックの2週間くらい前に、担任が気になる子どもの CLM チェック、プロフィール、エピソードを記入しておきます。

　そして CLM の集団チェックと個別の指導計画作成会議当日には、保健・福祉・教育関係者や行政が集い、手順に沿って、集団チェックと「個別の指導計画」の作成をします。

　集団チェックでは約40分でクラス全体と対象児を観察します。その後、1時間30分ほどかけて計画作成とロールプレイを行います。

2　具体的な作成手順

- 事例を用いて、具体的な「CLM と個別の指導計画」の手順を見ていくことにする。

◆ジョージの事例

事例　ジョージのクラスのようすとジョージの姿

①**クラスのようす**

- **クラスの人数**：年長児16名（男児8名、女児8名）。
- **担任**：1名（加配の先生はいない）。
- **よいところ**

　　・明るく元気な子どもが多い。担任が好き。

「CLM と個別の指導計画」作成の流れ

	（具体例）
事前準備 （2週間 くらい前）	・担任は対象児を決めて、CLM 全項目をチェックする。 ・担任は対象児のプロフィールとエピソードを所定の用紙に記入する。
当日	・CLM の集団チェックおよび個別の指導計画作成会議を設定する（子ども発達の所管課・担当園など）。 ・参加者は保健・福祉・教育の多職種が望ましい。 　プログラム（例） 　　☆CLM 集団チェックの実施 　　　➡ 9時30分～10時10分 　　☆観察場面 ➡ CLM で4点の場面や他に担任が気になる場面 　　☆指導計画作成検討会 ➡ 　　　10時15分～11時45分
評価会	・取り組み期間の最後に評価会を行う。 ・参加者は検討会参加者。 ・評価内容は、対象児が目標どおりに行動できたかどうか、クラスの他の子どものようす、担任の思いなど。 ・次の計画を作成する。
上記作業を繰り返す	

【事前準備】
担任は ①対象児にCLMチェックを行う
　　　　②プロフィールとエピソードを記入する

【当日】
CLM の集団チェックと個別の指導計画作成会議

〈参加者〉保健・福祉・教育関係者が集合
　＊発達総合支援室：保健師・保育士・教員
　＊保健センター：保健師
　＊児童福祉課：行政（保育士）
　＊教育委員会：行政（指導主事）
　＊就学先：管理職、コーディネーター

〈CLM 集団チェックの実施〉
　＊観察時間：9：30～10：10
　＊観察場面：チェックされやすい場面

〈個別の指導計画作成検討会〉
　＊時間：10：15～11：45

【評価会】
〈参加者〉
　検討会参加者

〈評価内容〉
・成功体験
　クラスのようす
・次の目標

図5 「CLMと個別の指導計画」作成の流れ

・友だち同士の仲がよい。

● 気になるところ

・クラス全体が騒がしい。

・落ち着いて話を聞くことが苦手な子どもが多い。

・自由遊びの片づけのとき、片づけをしない子どもが数人いる。

・給食準備が遅れる。

②ジョージの姿

● 好きな遊び、興味あること、よいところ

・昆虫を見たり、ブロックで車をつくったり、三輪車で園庭を回ったりすることが好き。

・運動能力が高く、外遊びが好き。

・ハサミや箸などの使いかたも上手。

・自分の思いをことばで伝えることができる。

●気になるところ

・登園の支度や給食準備のとき、行動が途切れる。

・遊んだ後の片づけのとき、いつまでも片づけない。

・落ち着きがなくよく動いたり、話を聞くときに喋り出す。

・友だちと遊んでいるとき、トラブルになる。

年長児クラスのようすとジョージの姿を示しました。クラスは明るく元気な子どもが多く、友だちとの仲もよいのですが、全体が騒々しいようです。ここでは、クラスの子どものよいところ、気になるところを意識して観察しています。また、他の子どもとのかかわりによって問題行動が起こるような場合には、その点を詳しく書き出します。

続いて、年長児ジョージの姿です。運動能力が高く、不器用さも見られず、またコミュニケーションも良好のようですが、支度や準備で行動が途切れがちになること、何をするでもなくよく動いたり喋ったりしていること、友だちと遊んでいるときにトラブルになることなどが、気になることとしてリストアップされています。

以下、表11の流れに沿って、実際にジョージの「CLMと個別の指導計画」の手順を見ていきましょう。

表11　計画の大まかな流れ

①	対象児の選定（プロフィール）
②	「CLM」でアセスメント（行動観察）〜エピソード〜
③	集団チェック〜CLM項目の選定〜
④	エピソードの選定
⑤	要因の選定（要因分析）
⑥	目標の設定
⑦	要因と支援の相関表
⑧	プラン（環境の整え、クラス全体の支援、個別の支援）
⑨	ロールプレイ
⑩	結果・評価
⑪	引きつぎ

①〜⑪の数字は以下の項目番号と対応している。

①対象児の選定〜ジョージのプロフィール〜

・ジョージのプロフィールを書く。
・生年月日、家族構成、成育歴、健康診査の結果、受診している医療機関・療育機関名、入園月日、今回 CLM でチェックして 4 点がついた項目を記入する。
・クラスの子どもの人数、クラスの大人の人数（担任以外に加配保育士がついているかどうか、副担任がいるかどうか）などを記入する。
・クラスのよいところ、気になるところ、担任の願いなどを記入する。

プロフィール

名前	園名
ジョージ （男） 3 月生（5 歳 2 か月）	B 保育園
家族構成	**クラス**
父、母、本児	クラス 単独（年長）（16）名（男 8 名、女 8 名）
成育歴	**クラスの大人の数**
・首のすわり（3 か月）　・指さし（9 か月） ・ひとり座り（5 か月）　・ひとり歩き（11 か月） ・人見知り（7 か月）　・ことばの話しはじめ（13 か月） ・はいはい（7 か月） ・つたい歩き（9 か月）	1 名　担任名：マーガレット ・本児のみの加配保育士（無） ・本児を含む複数の児の加配保育士（無）　大人 1　対　子ども（　）名 ・他児の加配保育士（無）名
健康診査	**クラスのよいところ**
・1 歳 6 か月　➡　特記事項なし ・3 歳　➡　課題はクリア 　　　　　「多動傾向」と保健師から指摘	・明るく、元気な子が多い ・友だち同士の仲がよい
受診している医療機関、療育機関	**クラスの気になるところ**
なし	・クラス全体が騒がしい ・落ち着いて話を聞くことが苦手な子が多い ・自由遊びの片づけのとき、片づけをしない子が数人いる ・給食準備が遅れる
入園年月日	**担任の願い**
年　4　月　1　日	・みんなと一緒に行動してほしい

◎ CLM で 4 点とチェックした月と項目

	第 1 回（　月）	第 2 回（　月）	第 3 回（　月）
年少			
年中	第 1 回（　月）	第 2 回（　月）	第 3 回（　月）
年長	第 1 回（5 月）	第 2 回（　月）	第 3 回（　月）
	1.2.3.7.8.10		

> 今回 4 点をつけた項目を記入

> 生年月日・家族・発達歴・健診・受診等

3 「CLM と個別の指導計画」の作成　　129

② 「CLM」でアセスメント（行動観察）〜エピソード〜

・担任が CLM で 4 点をつけた項目を記入する。

・その下に気になるエピソードを 2 つずつ書く。この際、いつ、どこで、何があって、どうなったか、の流れで書くとエピソードから子どもの姿が浮かんでくる。

・好きな遊びや玩具、興味のあること、よいところ（性格や行いなど）もたくさん見つけて書く。

エピソード

名前		市町名	園名	クラス名
ジョージ （男） 3 月生（5 歳 2 か月）		A 市	B 保育園	ぱんだ組

担任の願い	好きな遊び・興味のあること・よいところ
みんなと一緒に行動してほしい	・昆虫、ブロック、三輪車で遊ぶことが好き

基本的生活習慣	毎日見られるエピソード	
あてはまる項目に■をつけてください《排泄》 （担任が「4：よくある」とチェックした項目を挙げる） □トイレに行くことを嫌がる □トイレで排尿・排便ができない □特定の便器でしか排泄できない 《食事》 □食器具を使えず手で食べる □食事に時間がかかる □食事中立ち歩きがある □極端な偏食がある （子どものようすなどエピソードを 2 つ書く「いつ、どこで、何があって、どうなった」）	**(1)** ・登園の支度（①水筒②タオル③出席ノート④帽子とカバン）のとき、出席ノートにシールを貼った後、友だちのしている遊びや昆虫を見ていて、支度が途切れる。 ・給食準備（手洗い、箸、コップ）のとき、「手洗いする」と言いながら、いつまでも水遊びをして、箸とコップを準備しない。 **(2) 片づけができない** ・自由遊びのとき、個人持ちの粘土は片づけるが、園で共有の絵本やブロックを片づけない。 ・園庭遊びのとき、「お片づけです」と声をかけても遊んでいた玩具を片づけず、そのまま遊び続ける。 「並びましょう」と声をかけても並ばず、机の下にもぐったり、ロッカーに入ったりしている。 ・朝の会のとき「集まりましょう」と声をかけても座らず、ブロックを触っている。	**(7)** ・食事のとき、立ち歩いたり、友だちに話 （好きな遊び、興味のあること、よいところをたくさん見つける） 事に時間がかかる ・自由でのブロックで遊んでいるかと思うと、急に室内を走ったり友だちを追いかけたりする。 **(8)** ・担任が紙芝居を読んでいるとき、関係のないことを喋り出す。 ・朝の会で担任がスケジュールを話しているとき、「静かに聞きます」と言ってもすぐに喋り出す。 **(10)** ・園庭で遊んでいるとき、三輪車に乗っている友だちを追いかけ続けて、友だちを泣かしてしまう。 ・戦隊ごっこをしているとき、友だちがやめても、友だちを叩き続けて、殴り合いになる。

［注］ CLM のチェック項目は、本事例に必要な「(2) 片づけができない」のみを表示し、他の項目はマスキングしています。「CLM と個別の指導計画」についての詳細は、p.x に記載の NPO 法人ライフ・ステージ・サポートみえまでお問い合わせください。

③集団チェック〜 CLM 項目の選定〜

・集計表には、はじめに担任がチェックした 4 点のついている項目がある。

・この例では、福祉課職員、就学する小学校の校長、保健師が集団チェックを行っている。担任がすでに 4 点をつけた項目を中心にチェックする。

・合計得点が高かった 16 点の 2 項目のうち、担任が一番気になる項目を聞き、その意思（願い）を尊重する。

・ここで絞り込まれたチェック項目は「(2) 片づけができない」となった。

集計表

	項目	担任	福祉	校長	保健師	合計	絞り込まれたチェック項目
1						4	
2	片づけができない			4	4	16	○
3		4		4	4	12	
4		2					
5		2					
6		2					
7		4	4	4	4	16	
8		4	4	4		12	
9		2					
10		4	4			8	
11		3					
12		3					
13		3					
14		3					
15		2					
16		2					

チェック者は保健・福祉・教育関係者

担任が一番気になる項目

チェック者が 4 点をつけた得点を集計する

3 「CLM と個別の指導計画」の作成

④エピソードの選定

・③で絞り込んだチェック項目に対するエピソード2つのうち、担任がどちらかを選定する。

・エピソード（1）自由遊びのとき、個人持ちの粘土は片づけるが、園で共有の絵本やブロックを片づけない。

・エピソード（2）園庭遊びのとき、「お片づけです」と声をかけても遊んでいた玩具を片づけず、そのまま遊び続ける。

・2つのなかから選んだエピソードは（2）。

・プラン表に、チェック項目とエピソードを記入する。

プラン

名前	10の姿
ジョージ　（5歳2か月）	
チェック項目	**要因**
（2）片づけができない 【エピソード】 園庭遊びのとき、「お片づけです」と声をかけても遊んでいた玩具を片づけず、そのまま遊び続ける。	

目標

（対象児）

（クラス）

期間	具体的な支援方法		結果・評価		
	〈クラス環境の整えとクラス全体の支援〉	〈個別の支援〉	月日	○×	特記事項
			評価日：		

⑤要因の選定（要因分析）

・上記のエピソードに対して、その要因を考える。要因は仮説でよいのでいくつかあげてみる。

・「なぜこの行動をするのかな？」と子どもの立場に立って考えてみる。

・要因がたくさん出てきたときは1つか2つに絞り込むが、事例としてわかりやすくするため、ここでは、「いつまでに片づけたらいいかがわからない（時間）」とした。

・プラン表に要因を記入する。

プラン

名前	10の姿
ジョージ （5歳2か月）	
チェック項目	**要因**
（2）片づけができない 【エピソード】 園庭遊びのとき、「お片づけです」と声をかけても遊んでいた玩具を片づけず、そのまま遊び続ける。	・いつまでに片づけたらいいかがわからない（時間）。

目標

（対象児）

（クラス）

期間	具体的な支援方法		結果・評価		
	〈クラス環境の整えとクラス全体の支援〉	〈個別の支援〉	月日	○×	特記事項
			評価日：		

3　「CLMと個別の指導計画」の作成

⑥目標の設定

・担任の願いを尊重して目標の設定をする。気になる子どもがどのような姿になってほしいかをイメージする。担任は、ジョージもクラスのみんなと一緒に行動してほしい、片づけもみんなと一緒にしてほしいと願っている。

・ジョージだけでなく、他にも片づけの時間に気づかない子どももいるため、音楽を流すことを検討した。

・目標は「片づけのとき、音楽が鳴り終わるまでに使った玩具を片づける」として、クラスのみんなもジョージも同じように片づける姿をめざすことにした。またクラス目標には、園庭片づけの終わりごろには、誰が使ったかわからない玩具が園庭に残っていることがあるので、クラスみんなで片づけることも加えた。

・プラン表の目標の項目に、対象児であるジョージとクラス全体の目標として記入する。

プラン

名前	10の姿
ジョージ （5歳2か月）	
チェック項目	**要因**
（2）片づけができない 【エピソード】 園庭遊びのとき、「お片づけです」と声をかけても遊んでいた玩具を片づけず、そのまま遊び続ける。	・いつまでに片づけたらいいかがわからない（時間）。

目標

（対象児） 片づけのとき、音楽が終わるまでに使った玩具を片づける。
（クラス） 片づけのとき、音楽が終わるまでに使った玩具を片づける。園庭に残っている玩具も片づける。

期間	具体的な支援方法		結果・評価		
	〈クラス環境の整えとクラス全体の支援〉	〈個別の支援〉	月日	○×	特記事項
			評価日：		

⑦要因と支援の相関表

・要因と支援の相関表を作成する。

・縦軸に要因を並べ、横軸の環境の整え（構造化）、クラス全体の支援（ルールの確認）、個別の支援（具体的な支援）の項目に沿って、必要な支援を組み立てる。

・要因「いつまでに片づけたらいいかがわからない」を裏返すと、「片づけの終わりがわかればよい」となる。

・クラス全体には「片づけの時間になったら音楽を流し、終わるまでに片づけること」を伝える。また、ジョージには、クラスみんなに伝える前に、「音楽が終わるまでに片づけようね」と伝える。

・すべての子どもが時計が読めるわけではなく、また遊びに集中しているときは片づけの時間を意識して時計を見ることは難しいため、音楽（聴覚的な情報）で、時間を意識させる支援方法をとった。

相関表

（目標）片づけのとき、音楽が終わるまでに使った玩具を片づける

要因	クラス環境の整え ー構造化ー	クラス全体の支援 ールールの確認ー	個別の支援 ー具体的な支援ー
①いつまでに片づけたらいいかがわからない。 ➡片づけの終わりがわかればよい。		片づけの時間になったら**音楽を流し、終わるまで**に片づけることを伝える。	あらかじめ「音楽が**終わるまでに片づけ**ようね」と伝えておく。
時間：音楽が終わるまでに			
［メモ］			

3 「CLMと個別の指導計画」の作成　135

⑧プラン（環境の整え、クラス全体の支援、個別の支援）

- 相関表で組み立てたものを軸に、担任が行う支援のシナリオとして、保育の手順に従って時系列に書く。
- クラス環境の整えとクラス全体の支援を用紙の左側に書く。これはクラス全体の子どもの計画となる。
- 対象児にもう少し詳しく知らせたり、支援が必要であったりする場合には、用紙の右側に個別の支援を書く。この事例では、朝の会や片づけの場面で担任がすることを具体的に書いている。
- 幼児期の終わりまでに育ってほしい姿（10の姿）（次ページ下参照）を記入する。
- 要因と支援を矢印で結ぶ。
- クラス全体を褒める方法と個別にも褒める方法を最後に書く。
- 本書巻末（p.141 ～）には、さまざまなプランの例を示しているので参照してほしい。

プラン

名前	10の姿
ジョージ　（5 歳 2 か月）	イ　自立心　ウ　協同性　エ　道徳性・規範意識の芽生え
チェック項目	**要因**
(2) 片づけができない 【エピソード】 園庭遊びのとき、「お片づけです」と声をかけても遊んでいた玩具を片づけず、そのまま遊び続ける。	・いつまでに片づけたらいいかがわからない（時間）。

目標

（対象児）　片づけのとき、音楽が終わるまでに使った玩具を片づける。
（クラス）　片づけのとき、音楽が終わるまでに使った玩具を片づける。園庭に残っている玩具も片づける。

期間	具体的な支援方法		結果・評価		
	〈クラス環境の整えとクラス全体の支援〉	〈個別の支援〉	月日	○×	特記事項
	【朝の会】 ・「園庭で遊んでいるとき、玩具を片づける時間になったら "お片づけ" の音楽が鳴ります。音楽が終わるまでに自分の使った玩具を片づけましょう」と伝える。 【園庭遊び】 ・片づけの時間になったら "お片づけ" の音楽を流す。 ・自分の使った玩具や園庭に残っている玩具を片づけるよう促す。 ・「音楽が終わるまでに片づけられたね」とクラスのみんなを大きな花丸で褒める。	・「音楽が終わるまでに片づけようね」と伝える。 ・個別にも OK サインで褒める。			
			評価日：		

⑨ロールプレイ

計画作成の終わりには参加者が担任、対象児、クラスの子どもの役になり、計画どおり振る舞う。そのなかで必要であれば計画の修正などを行う。またロールプレイをとおして担任がこの計画を進めていけるかどうかの確認をする。

⑩結果・評価

・計画の日程を決め、実践する。

・担任は、取り組み期間中、結果・評価欄に○×をつける。

・特別に書いておくことがあれば特記事項に記入する。

プラン

名前	10の姿
ジョージ （5歳2か月）	イ　自立心　ウ　協同性　エ　道徳性・規範意識の芽生え

チェック項目	要因
（2）片づけができない 【エピソード】 園庭遊びのとき、「お片づけです」と声をかけても遊んでいた玩具を片づけず、そのまま遊び続ける。	・いつまでに片づけたらいいかがわからない（時間）。

目標

（対象児）　片づけのとき、音楽が終わるまでに使った玩具を片づける。

（クラス）　片づけのとき、音楽が終わるまでに使った玩具を片づける。園庭に残っている玩具も片づける。

期間	具体的な支援方法		結果・評価		
	〈クラス環境の整えとクラス全体の支援〉	〈個別の支援〉	月日	○×	特記事項
	【朝の会】 ・「園庭で遊んでいるとき、玩具を片づける時間になったら"お片づけ"の音楽が鳴ります。音楽が終わるまでに自分の使った玩具を片づけましょう」と伝える。 【園庭遊び】 ・片づけの時間になったら"お片づけ"の音楽を流す。 ・自分の使った玩具や園庭に残っている玩具を片づけるよう促す。 ・「音楽が終わるまでに片づけられたね」とクラスのみんなを大きな花丸で褒める。	・「音楽が終わるまでに片づけようね」と伝える。 ・個別にもOKサインで褒める。	○/16	○	
			○/17	○	
			○/18	○	
			○/19	○	
			○/22	○	
			○/23	○	
			○/24	○	
			○/25	○	
			○/26	○	
			○/30	○	
			評価日： ○/30（火）16：00～		

（参考）幼児期の終わりまでに育ってほしい姿（10の姿）

（ア）健康な心と体	（カ）思考力の芽生え
（イ）自立心	（キ）自然との関わり・生命尊重
（ウ）協同性	（ク）数量や図形、標識や文字などへの関心・感覚
（エ）道徳性・規範意識の芽生え	（ケ）言葉による伝え合い
（オ）社会生活との関わり	（コ）豊かな感性と表現

厚生労働省「保育所保育指針」（平成29年3月告示）

3　「CLMと個別の指導計画」の作成

⑪引きつぎ

・はじめの姿（気になる行動・課題・エピソード）　➡　目標　➡　要因　➡　支援　➡　結果の姿（適切な姿、適応行動の獲得）と、まとめを表にして提出する。

・未満児、年少児、年中児は、園内での引きつぎ会をする。年長児は就学予定の学校に引きつぐ。

・この事例は年長児のため、有効な支援方法や配慮などを小学校へ引きつぐ。

支援の引きつぎ

| 姿 | 目標 | 要因 | 支援 | 姿 |

名前：ジョージ　［B 保育園］5 歳児（年長）クラス➡小学校 1 年生クラス

課題（エピソード）	目標	要因	支援	結果
園庭遊びのとき、「お片づけです」と声をかけても遊んでいた玩具を片づけず、そのまま遊び続ける。	片づけのとき、**音楽が終わるまでに使った玩具を片づける。**	**いつまでに片づけたらいいかがわからない。**	"お片づけ" の音楽をかけて始まりと終わりを知らせた。**とくに終わりを意識するようあらかじめ声かけをした。**	・音楽をかけることで片づけ終わりの時間がわかり、早く取りかかるようになった。 ・**みんなと一緒に音楽が終わるまでに片づけができるようになった。**
本児にとっての有効な支援方法、配慮など	・はじめは気づかないことがあるので、すべきことを先に知らせておくと積極的に行動できる。 ・担任の言っていることの**理解はできる**ので、**生活のなかですべきことを、いつまでにすればいいかを明確に知らせておく**と、クラスのみんなと一緒に育っていくと考えられる			

（表中）園から小学校への引きつぎ

3　保育所・幼稚園から小学校への引きつぎ

● 就学前年に、保育所・幼稚園などで「CLM と個別の指導計画」を行う（春・秋）。

● 保育所・幼稚園などから「CLM と個別の指導計画」にもとづき、小学校に支援をつなぐ（秋〜冬）。

● 就学後 1 年生訪問を行う（5 月ごろ）。

◆就学前年度の春・秋（図 5 ①）

・就学前年に、保育所・幼稚園などで「CLM と個別の指導計画」を行う（春・秋）。

・参加者は園長・担任、小学校関係者（校長・コーディネーター・養護教諭など）、発達支援主管課職員、地域の専門機関職員など。

・途切れのない発達支援としての進捗管理は担当園と発達支援主管課で行う。

◆ 就学前年度の秋〜冬（図5②）

- 秋にもう一度「CLMと個別の指導計画」を実践する。
- その後、春・秋に2回行った計画や評価等の資料にもとづいて、小学校への引きつぎを行う。
- 具体的で、成功する支援方法を伝える。
- 参加者は園長・担任、小学校関係者（校長・コーディネーター・養護教諭など）、発達支援主管課職員、地域の専門機関職員など。
- 途切れのない発達支援としての進捗管理は担当園と発達支援主管課で行う。

◆ 就学後の1年生訪問（5月ごろ）（図5③）

- 対象児が小学校へ入学し、少し慣れてきたころ、卒園した園の園長・前担任、発達支援主管課職員、地域の専門機関職員などが、「1年生訪問」と称する授業参観、校内研修会（校内委員会）に参加する。
- 保育所などから伝えた支援が引きつがれているかどうか、新たな問題行動が発現していないかなどを関係者で共有する。必要に応じて検討会を行い、計画を作成する。
- 途切れのない発達支援としての進捗管理は小学校と発達支援主管課で行う。

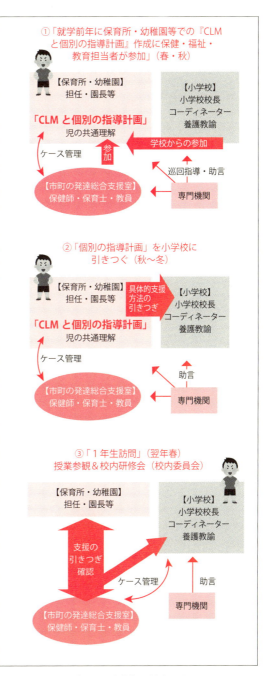

図5　保育所・幼稚園から小学校に支援をつなぐ

*　*　*

　レクチャー3では、ジョージの事例をワンステップずつ示しながら、「CLMと個別の指導計画」の具体的な作成方法と、支援の引きつぎを見てきました。紙面の都合でここではジョージの例のみでしたが、さまざまな場面において立てられたプランの例を、本書巻末に付録（事

例集）として収録しています。ここまでで学んできたことをもとに、まずはそれぞれの事例におけるエピソードだけを見て、自分で要因分析や支援の方策を考えてみるのもよい練習になるでしょう。また、実際に自分で支援プランを立てる際の考えかたの参考にしていただければと思います。

4・5歳児の事例集

〈事例リスト〉

番号	テーマ
1	登園の持ち物の片づけができる（時間に挑戦する）
2	登園の持ち物の片づけができる（加配保育士による支援）
3	給食準備をすることができる（グループで準備する）
4	降園の準備をすることができる（1曲終わるまでに準備する）
5	自由遊びの後の玩具を片づけることができる（音楽が鳴っている間に片づける）
6	自由遊びの後の玩具を片づけることができる（グループで片づける）
7	自由遊びの後の玩具を片づけることができる（担任からの手渡しで片づける）
8	予定を変更することができる（散歩の道順）
9	予定を変更することができる（プールの中止）
10	ルールを守ることができる（手洗いの順番）
11	ルールを守ることができる（玩具の貸し借り）
12	自分の場所に並ぶことができる（10 数える間）
13	園庭から保育室に入ることができる（旗持ち係）
14	話を静かに聞くことができる（朝の会のスケジュール）
15	自分の席で絵本を見ることができる（絵本係）
16	絵本を静かに見ることができる（絵本の読み聞かせとクイズ）
17	話を最後まで聞いて答えることができる（スリーヒントゲーム）
18	みんなの前で発表することができる（遊んだ内容）
19	絵カードに描かれている物のことばの数だけ手を叩くことができる（おなまえドット）
20	初めてのダンスの練習をすることができる（上半身の真似）
21	指示した物を持ってくることができる（おつかいゲーム）
22	文字を読んで書かれている物を持って来ることができる（借り物ゲーム）
23	友だちとペースを合わせて遊ぶことができる（ボール運び競争）
24	友だちを誘って一緒に遊ぶことができる（トントン相撲ゲーム）
25	友だちのよいところを伝えることができる（よいところ探しゲーム）
26	ルールを守って遊ぶことができる（すごろくゲーム）
27	協力して集団遊びに最後まで参加することができる（「素敵なパフェをつくろう」ゲーム）
28	ごっこ遊びで決まった役割をすることができる（保育室でできるジュース屋さんごっこ）

番号	テーマ
29	ごっこ遊びで決まった役割をすることができる（レストランごっこ）
30	いろいろな園庭の遊具で遊ぶことができる（園庭サーキット遊び）
31	負けても最後まで集団遊びに参加することができる（復活椅子取りゲーム）
32	チームで作戦を考え、集団遊びに最後まで参加することができる（鬼ごっこ「ガッチャン」）
33	クラスのみんなで決めた遊びをすることができる（サイコロによる多数決）
34	グループの友だちと一緒にいろいろな遊びを体験・発展することができる（コーナー遊び）
35	折り紙を最後まで折ることができる（野山をイメージした壁面画）
36	顔を描くことができる（絵描き歌遊び）
37	ハサミで線どおりに切ることができる（ハサミチャレンジ）
38	箸を使って物をつかむことができる（お箸チャレンジ）

［注］
・p.130 の注にも示したとおり、本書では CLM のチェック項目は「(2) 片づけができない」以外は公開していません。そのためこの事例集においては、プランの表における「チェック項目」欄は、「気になる姿」欄として記載しています。各事例ともチェック項目の内容についての提示はありませんが、対象児の「気になる姿」（エピソード）から要因を分析し、具体的な支援方法を考えることは可能です。
・表中の「10 の姿」は本文 p.137 を参照ください。

付録　4・5 歳児の事例集

1　登園の持ち物の片づけができる（時間に挑戦する）

まとめ
❶支援のテーマ　登園の持ち物の片づけができる（時間に挑戦する）　❷いつ　登園の持ち物の片づけのとき　❸どこで　保育室　❹だれが　担任　❺だれに　クラス全員（対象児A）　❻何回　10回　❼準備物　写真つきの手順表、スタートとゴールの足型、タイマー

対象児	10の姿
A（4歳児）	イ　自立心　エ　道徳性・規範意識の芽生え
気になる姿	要因
登園の持ち物の片づけのとき、周りの友だちに話しかけて片づけが進まない	❶手順がわからない ❷やる気スイッチが入らない
目標	
（対象児）登園の持ち物の片づけのとき、3分以内に片づけることができる （クラス）登園の持ち物の片づけのとき、自分の持ち物を片づけることができる	

期間	具体的な支援方法		結果・評価		
	〈クラス環境の整えとクラス全体の支援〉	〈個別の支援〉	月日	○×	特記事項
7.1 〜 7.14 10日間	【前日の帰りの会】 ・登園の持ち物の片づけの動線を短くする ・スタートとゴールに足型を置いておく ・担任が持ち物の片づけの手順を伝える 　1．水筒→ 2．タオル→ 3．シール→ 4．かばん ・タイマーを使って、チャレンジできることを伝える 【当日の登園の持ち物の片づけ】 ・登園した子から持ち物の片づけをするよう伝える ・タイマーで時間にチャレンジしたい子には、自主的にタイマーをセットするように伝える ・持ち物の片づけができたらグーサインで褒める	手順を明確にする 時間に挑戦することで、やる気スイッチが入る ・タイマーを3分にセットするように伝える ・「タイマーが鳴るまでに、手順どおりに片づけましょう」と伝え、スタートを促す ・個別にも「片づけができたね」と褒める			
			評価日： 7月14日（金）16：30〜		

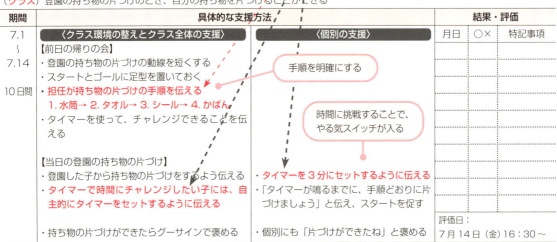

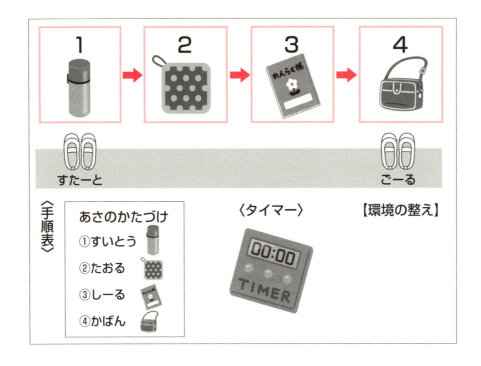

2 登園の持ち物の片づけができる（加配保育士による支援）

 ❶支援のテーマ　登園の持ち物の片づけができる（加配保育士による支援）　❷いつ　登園の持ち物の片づけのとき　❸どこで　保育室
❹だれが　担任、加配保育士　❺だれに　クラス全員（対象児A）　❻何回　10回　❼準備物　写真つきの手順表、足型、矢印、ベル

対象児	10の姿
A（4歳児）	イ　自立心　エ　道徳性・規範意識の芽生え
気になる姿	要因
登園の持ち物の片づけのとき、加配保育士が声をかけても、自分の持ち物の片づけをせず、歩き回っている	❶手順がわからない ❷やる気スイッチが入らない

目標
（対象児）登園の持ち物の片づけのとき、加配保育士と一緒に片づけることができる
（クラス）登園の持ち物の片づけのとき、自分の持ち物を片づけることができる

期間	具体的な支援方法		結果・評価		
	〈クラス環境の整えとクラス全体の支援〉	〈個別の支援〉	月日	○×	特記事項
7.1 〜 7.14 10日間	【前日の帰りの会】 ・1か所でできるように動線を整える ・スタートに足型と矢印、ゴールにベルを置く ・番号と写真の入った手順表を掲示する ・登園時の持ち物の片づけの手順を伝える ・片づけが終わった子はベルを鳴らしてもよいことを伝える 【当日の登園の持ち物の片づけ】 ・登園した子から持ち物の片づけをするように伝える ・持ち物の片づけができたことを褒める	・スタートからゴールまでの順番が見てわかるように、数字の番号札を置く ・最後に"ベルを鳴らせる"といった見通しがあるとやる気スイッチが入る 手順を変えると覚えにくいので、覚えるまでは同じ手順で手をつないで支援する ・加配保育士が手をつないで、手順どおりに、一緒に片づける ・ベルを鳴らすことを促し、ハイタッチで褒める			評価日： 7月14日（金）16：30〜

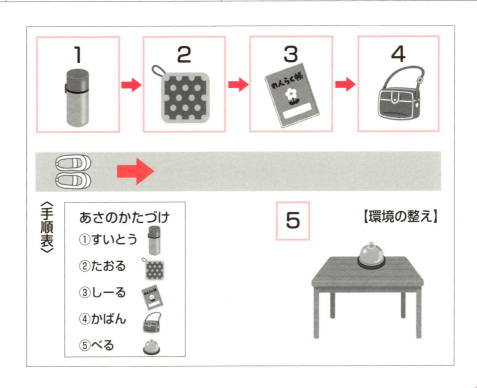

付録　4・5歳児の事例集

3　給食準備をすることができる（グループで準備する）

まとめ
❶支援のテーマ　給食準備をすることができる（グループで準備する）　❷いつ　給食準備のとき　❸どこで　保育室
❹だれが　担任　❺だれに　クラス全員（対象児A）　❻何回　10回　❼準備物　手順表

対象児	10の姿
A　（4歳児）	イ　自立心　ウ　協同性　エ　道徳性・規範意識の芽生え

気になる姿	要因
給食準備のとき、「給食袋とコップを取りに行って座りましょう」と声をかけても、ロッカーの前で友だちに次々と話しかけ、準備が遅れる	❶刺激（友だちの動き）に左右される（友だちの動きにつられて、すべき行動が遅れる）

目標
（対象児）給食準備のとき、グループの友だちと一緒に準備をすることができる
（クラス）給食準備のとき、グループの友だちと一緒に準備をすることができる

期間	具体的な支援方法		結果・評価		
	〈クラス環境の整えとクラス全体の支援〉	〈個別の支援〉	月日	○×	特記事項
7.1〜7.14 10日間	【当日の給食準備】 ・「今から給食の準備をします」、「グループごとに準備をします」と伝える	・クラス全員の子どもが一度に動くと、友だちに話しかけたりして、注意がそれやすくなるので、少人数（グループ）で準備する			
	・手順表を見せ、「①給食袋、②コップ、③座る」と手順を伝える				
	・「○○グループさん、どうぞ」とグループ順に準備を促す	・「1グループ目に行くよ」と伝える			
	・給食準備ができたことを褒める	・個別にもOKサインで褒める			
			評価日： 7月14日（金）16：30〜		

〈手順表〉

きゅうしょく　の　じゅんび
①きゅうしょくぶくろ　を　だす
②こっぷ　を　だす
③いすにすわって　まつ

今から給食の準備をします

○○グループさん　どうぞ

4 降園の準備をすることができる（1曲終わるまでに準備する）

 まとめ ❶支援のテーマ 降園の準備をすることができる（1曲終わるまでに準備する） ❷いつ 降園の準備のとき ❸どこで 保育室 ❹だれが 担任 ❺だれに クラス全員（対象児A） ❻何回 10回 ❼準備物 手順表、CD、CDデッキ

対象児	10の姿
A （4歳児）	イ 自立心　エ 道徳性・規範意識の芽生え
気になる姿	要因
降園の準備をするとき、ぼんやりと座っていたり、友だちを触ったりして、準備が進まない	❶いつまでに準備したらよいかわからない
目標	
（対象児）降園の準備のとき、1曲終わるまでに準備することができる （クラス）降園の準備のとき、1曲終わるまでに準備することができる	

期間	具体的な支援方法		結果・評価		
	〈クラス環境の整えとクラス全体の支援〉	〈個別の支援〉	月日	○×	特記事項
7.1 〜 7.14 10日間	【降園の準備】 ・手順表を見せながら、準備することを伝える 　①かばん　②タオル　③コップ　④水筒 ・担任が見本を見せる ・①〜④を自分の席に持ってきて、机の上でかばんに入れるように伝える。 ・「音楽が終わるまでにしようね」と伝える ・1曲終わるまでに、降園の準備ができたことを褒める	・いつまでに準備すればよいかわかるように、音楽を使う ・降園の準備が途切れそうになったら、「音楽が終わるまでにかばんに入れようね」と伝える ・個別にもOKサインで褒める			評価日： 7月14日（金）16：30〜

〈手順表〉

5 自由遊びの後の玩具を片づけることができる
（音楽が鳴っている間に片づける）

まとめ　❶支援のテーマ　自由遊びの後の玩具を片づけることができる（音楽が鳴っている間に片づける）　❷いつ　自由遊びの後の片づけのとき　❸どこで　保育室　❹だれが　担任　❺だれに　クラス全員（対象児A）　❻何回　10回　❼準備物　作品棚、スケジュール表、時計、時計につける印、CD、CDデッキ

対象児	10の姿
A（4歳児）	イ　自立心　ウ　協同性　エ　道徳性・規範意識の芽生え
気になる姿	要因
自由遊びの後の片づけのとき、パズルやブロックで遊んでいて、いつまでも片づけない	❶いつまでに片づけるかがわからない ❷パズルやブロックでつくった作品を壊したくない
目標	
（対象児）自由遊びの後の片づけのとき、音楽が鳴っている間に、自分の使った玩具を片づけることができる（キラキラタイム） （クラス）自由遊びの後の片づけのとき、音楽が鳴っている間に、クラスの玩具を片づけることができる（キラキラタイム）	

期間	具体的な支援方法		結果・評価		
7.1 〜 7.14 10日間	〈クラス環境の整えとクラス全体の支援〉 【前日の帰りの会】 ・ブロック等でつくった物を置いておく作品棚を準備したことを伝える ・時計に「キラキラタイム」（片づけの時間）の印をつけ、「○時になったら、片づけようね」とスケジュール表を見せながら伝える ・"キラキラタイム"は、音楽が鳴っている間に、クラスの玩具を片づけることを伝える 【当日の自由遊びの片づけ】 ・「キラキラタイムスタート」と伝え、音楽をかける ・片づけができたら「みんなで協力してお部屋がキラキラとなりました」と褒める	〈個別の支援〉 ・作品棚を準備し、作品を壊さず、遊びの続きができることを保障する ・遊びに夢中になっていて、時計を見ることを忘れている場合があるので、聞いて気づくように、音楽を使う ・キラキラタイムになったら「自分の使った玩具を音楽が鳴っている間に片づけようね」と伝える ・片づけができたことを個別にも褒める	月日	○×	特記事項
			評価日： 7月14日（金）16：30〜		

〈時計につける印〉

〈環境の整え・作品棚〉

6 自由遊びの後の玩具を片づけることができる
（グループで片づける）

まとめ	❶支援のテーマ 自由遊びの後の玩具を片づけることができる（グループで片づける） ❷いつ 自由遊びの後の片づけのとき ❸どこで 保育室 ❹だれが 担任 ❺だれに クラス全員（対象児A） ❻何回 10回 ❼準備物 お片づけグループ当番表、スケジュール表、時計、時計につける印、ピカピカシール、シール表

対象児	10の姿
A（4歳児）	イ 自立心 ウ 協同性 エ 道徳性・規範意識の芽生え
気になる姿	要因
自由遊びの後の片づけのとき、「みんなで協力して片づけようね」と伝えても、自分の遊んでいた玩具だけを片づけ、「ぼくは遊んでない」と残っている玩具は片づけない	❶誰が何を片づけるかが明確でない

目標
（対象児）自由遊びの後の片づけのとき、グループで決められた玩具を片づけることができる（ピカピカタイム）
（クラス）自由遊びの後の片づけのとき、グループで決められた玩具を片づけることができる（ピカピカタイム）

期間	具体的な支援方法		結果・評価		
7.1〜7.14 10日間	〈クラス環境の整えとクラス全体の支援〉	〈個別の支援〉	月日	○×	特記事項
	【前日の帰りの会】 ・時計に「ピカピカタイム」（片づけの始まりの時間）の印をつけ、「○時になったら、片づけようね」と伝える ・ピカピカタイムになったら、「グループ当番表」に書いてある玩具をグループごとに片づけることを伝える（例：メロングループ→ブロック、イチゴグループ→ままごと、モモグループ→絵本） ・片づけができたら、グループごとにピカピカシールが貼れることを伝える 【当日の自由遊びの後の片づけ】 ・「グループで決められた玩具を片づけましょう」と声をかける ・片づけができたらグループごとにピカピカシールを貼るように伝え、褒める	・自分の遊んだ玩具を片づけることができても、クラス全体の片づけにまで、意識が向かない場合は、グループで片づける計画にする ・Aはモデルになる子と一緒のグループにする ・「グループのみんなと○○を片づけようね」と伝える ・片づけの途中で「友だちと一緒に片づけているね」など声かけをし、よい姿を褒める ・片づけが終わったら、個別にも褒める			評価日： 7月14日（金）16：30〜

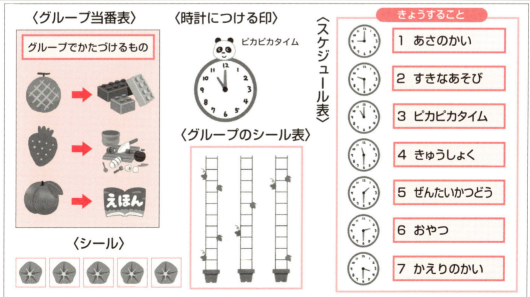

7 自由遊びの後の玩具を片づけることができる
（担任からの手渡しで片づける）

まとめ	❶支援のテーマ 自由遊びの後の玩具を片づけることができる（担任からの手渡しで片づける） ❷いつ 自由遊びの後の片づけのとき ❸どこで 保育室 ❹だれが 担任 ❺だれに クラス全員（対象児A） ❻何回 10回 ❼準備物 時計、時計につける印

対象児	10の姿
A（4歳児）	イ 自立心 ウ 協同性 エ 道徳性・規範意識の芽生え
気になる姿	要因
自由遊びの後の片づけのとき、保育室を歩き回っているだけで、何も片づけない	❶何を片づけるかがわからない

目標
（対象児）自由遊びの後の片づけのとき、担任に手渡された玩具を片づけることができる
（クラス）自由遊びの後の片づけのとき、自分の遊んだ玩具を片づけることができる。片づけられていない玩具も片づけることができる

期間	具体的な支援方法		結果・評価		
7.1〜7.14 10日間	〈クラス環境の整えとクラス全体の支援〉【当日の自由遊び】・片づけ時間の5分前に「長い針が○○の印のところにきたらお片づけです。自分の使ったものを片づけましょう」と伝える 【片づけ】・○○の印が貼ってあるところに長い針がきても気づかない子には「お片づけだよ」と伝え、片づけることを促す ・保育室に片づけてない玩具があったときは、クラス全体で協力して片づけるように声をかける ・片づけができたら「みんなで協力して、お部屋がピカピカになりました」とクラス全体を褒める	〈個別の支援〉・「何して遊んだかな？」と質問し、自ら片づけができるように促す ・自らできない場合は、①「手渡し」→②「指さし」→③「声かけ」の順に支援する ・「今日は車で遊んだね。車を片づけようね」と遊んだ玩具を手渡し、車コーナーに片づけるよう促す ・「玩具、全部、片づけたね。頑張りました」と褒める	月日	○×	特記事項
			評価日：7月14日（金）16：30〜		

8　予定を変更することができる（散歩の道順）

まとめ ❶支援のテーマ　予定を変更することができる（散歩の道順）　❷いつ　散歩のとき　❸どこで　散歩の道　❹だれが　担任
❺だれに　クラス全員（対象児A）　❻何回　5回　❼準備物　工事中の写真、変更した道の絵図

対象児	10の姿
A　（4歳児）	ア　健康な心と体　ウ　協同性　エ　道徳性・規範意識の芽生え　オ　社会生活との関わり　キ　自然との関わり・生命尊重　ク　数量や図形、標識や文字などへの関心・感覚

気になる姿	要因
散歩のとき、道を変更すると、歩道に座り込み、泣き続けて動かない	❶いつもの道が通れないことが理解できない ❷変更した道に興味が持てない

目標

（対象児）散歩のとき、変更した道を通って、公園に行くことができる
（クラス）散歩のとき、変更した道を通って、公園に行くことができる

期間	具体的な支援方法		結果・評価		
	〈クラス環境の整えとクラス全体の支援〉	〈個別の支援〉	月日	○×	特記事項
7.1 〜 7.14 5日間	【当日の朝の会】 ・工事中の写真を見せ、いつもの散歩の道は工事をしていて危ないから通れないことを伝える ・変更した道をイラスト入りの絵図で示し、興味が持てるように伝える ・「公園に着いたら、みんなの大好きな虫取りするよ」と伝える 【散歩】 ・「ペアの子と手をつないで公園に行きます」と伝え、全員で出発する ・変更した道で公園に行けたことを褒める	・いつもの散歩道を変更するとき、変化が苦手な子どもには、新たな道が安心で、興味の持てる道であることがわかるように伝える 【散歩の前】 ・イラスト入りの絵図を見せ、「今日通る道にはバッタはいるかな？」などと興味が持てる話をする ・「公園でAさんの好きな虫取りをしようね」と伝える ・しっかりとしたモデルとなる子とペアにし、並び順は一番前にする ・個別にも褒める ・公園では、予告した虫取りをする			評価日： 7月14日（金）16：30〜

〈工事中の写真〉

〈変更した道順の絵図〉

付録　4・5歳児の事例集

9 予定を変更することができる（プールの中止）

まとめ
❶支援のテーマ　予定を変更することができる（プールの中止）　❷いつ　プール遊びのとき　❸どこで　保育室
❹だれが　担任　❺だれに　クラス全員（対象児A）　❻何回　10回　❼準備物　プールのきまり表

対象児	10の姿
A（4歳児）	ウ　協同性　エ　道徳性・規範意識の芽生え　ク　数量や図形、標識や文字などへの関心・興味　ケ　言葉による伝え合い
気になる姿	要因
「雨が降ってきたのでプール遊びはしません」と伝えたとき、「今日はプールに入る日だ」と怒ったり、泣いたりする	❶プールに入れる日と入れない日がわかりにくい

目標
（対象児）プール遊びのとき、"プールのきまり"（入れる日、入れない日）を守ることができる
（クラス）プール遊びのとき、"プールのきまり"（入れる日、入れない日）を守ることができる

期間	具体的な支援方法		結果・評価		
7.1 ～ 7.14 10日間	〈クラス環境の整えとクラス全体の支援〉 【前日の帰りの会】 ・"プールのきまり表"を見せながら、プールに入れる日と入れない日があることを伝える ・"プールのきまり表"は職員室の前に掲示してあることを伝える ・プールに入れるかどうかを「プールお知らせ係」が、職員室前に確認しに行くことを伝える ・「プールお知らせ係」をAとBにしてもらうことを伝える 【プールの前】 ・「プールお知らせ係さん、お願いします」と伝え、プール遊びができるかどうかを報告するよう促す ・「プールお知らせ係さん、ありがとう」と伝える（他児もお礼を言う）	〈個別の支援〉 ・プールに入れる日、入れない日を園のルールとして明確に示し、園児みんなが守れるようにする 【プールの前】 ・「プールお知らせ係さん、職員室に行って、プールに入れるかどうか見てきてね」と伝える ・係ができたことを褒める	月日	○×	特記事項
			評価日： 7月14日（金）16：30～		

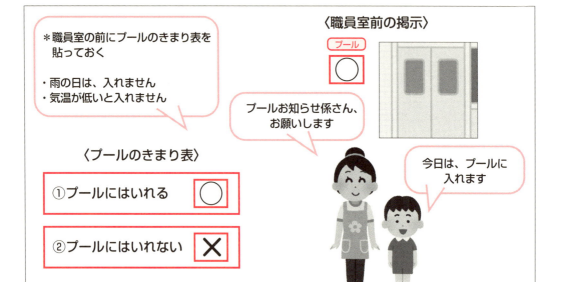

10 ルールを守ることができる（手洗いの順番）

まとめ	❶支援のテーマ ルールを守ることができる（手洗いの順番） ❷いつ 給食前の手洗いのとき ❸どこで 保育室
	❹だれが 担任　❺だれに クラス全員（対象児A）　❻何回 10回　❼準備物 並ぶときのルール表、足型シート

対象児	10の姿
A（4歳児）	ウ　協同性　エ　道徳性・規範意識の芽生え　ク　数量や図形、標識や文字などへの関心・感覚
気になる姿	要因
給食前の手洗いのとき、遅れて来ても一番に並び、友だちと言い合いになる	❶並ぶときのルールが決まっていない

目標
（対象児）給食前の手洗いのとき、ルールを守って、並ぶことができる
（クラス）給食前の手洗いのとき、ルールを守って、並ぶことができる

期間	具体的な支援方法		結果・評価		
7.1 ～ 7.14 10日間	〈クラス環境の整えとクラス全体の支援〉	〈個別の支援〉	月日	○×	特記事項
	【当日の朝の会】 ・並ぶ場所に足型シートを敷いたことを伝える ・「来た順に、足型の上に並びます」と並ぶときのルールを伝える	・並びかたのルールが決まっていなかったり、クラス全員が一度に手洗いに行ったりすると、待ち時間が長く、トラブルが起こりやすい			
	【給食前の手洗い】 ・グループごとに呼んで並ぶように伝える ・グループ全員が並べたことを花丸で褒める	【朝の会の後】 ・個別に足型シートに並ぶ練習をしておく ・2グループ目に呼ぶ ・足型シートに並んだとき、OKサインで褒める	評価日： 7月14日（金）16：30～		

〈並ぶときのルール表〉

並ぶときのルール
①来た順に足型の上に並ぶ

来た順に
並んでください

それぞれの手洗い場の前に、
足型シートを敷いておく

〈足型シート〉

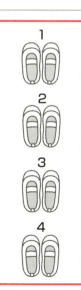

11 ルールを守ることができる（玩具の貸し借り）

まとめ ❶支援のテーマ　ルールを守ることができる（玩具の貸し借り）　❷いつ　自由遊びのとき　❸どこで　保育室　❹だれが　担任　❺だれに　クラス全員（対象児A）　❻何回　10回　❼準備物　貸し借りの約束表

対象児	10の姿
A（4歳児）	ウ 協同性　エ 道徳性・規範意識の芽生え　カ 思考力の芽生え　ケ 言葉による伝え合い
気になる姿	要因
ブロックで遊んでいるとき、他の子が使っているブロックを「かして」と言えず、じーと友だちを見て、黙っている	❶貸してもらう方法がわからない ❷貸してもらう経験がない
目標	
（対象児）自由遊びのとき、担任に玩具を「かして」と言うことができる （クラス）自由遊びのとき、玩具の貸し借りのルールを守って遊ぶことができる	

期間	具体的な支援方法		結果・評価		
7.1 〜 7.14 10日間	〈クラス環境の整えとクラス全体の支援〉 【当日の朝の会】 ・「玩具の取り合いでケンカにならないようにするにはどうしたらよいか」の意見をクラス全体の子どもに聞き、意見を集めてクラスの約束にする ・玩具の貸し借りの約束表を掲示し、担任がモデルを見せる 【自由遊び】 ・遊ぶ前に約束の確認をする ・「玩具は順番に使いましょう」、「かしてほしいときは『かして』、『いいよ』、『ありがとう』、『まって』など、やり取りして遊ぶ子がかっこいいです」と伝える ・遊んでいるとき、子どもが、「かして」、「まって」と言っている姿を褒める	〈個別の支援〉 ・まずは担任と練習し、経験を重ね、習慣化する ・その後、担任がそばについて見守りながら、友だちに言えるように支援する ・個別にも約束を伝える ・「かして」、「いいよ」の練習を担任とする ・担任と玩具で遊びながら「かして」、「いいよ」、「ありがとう」などのやり取りの経験を重ねる ・「かして」と言えたことを褒める	月日	○×	特記事項
			評価日： 7月14日（金）16：30〜		

・クラスの他の子どもも、約束が守れているか、確かめる機会になる

〈貸し借りの約束表〉

やくそく
・玩具は、順番に使う
・「かして」→「いいよ」→「どうぞ」→「ありがとう」
・「かして」→「まってね」

12　自分の場所に並ぶことができる（10数える間）

まとめ
- ❶支援のテーマ　自分の場所に並ぶことができる（10数える間）　❷いつ　並ぶとき　❸どこで　保育室　❹だれが　担任
- ❺だれに　クラス全員（対象児A）　❻何回　10回　❼準備物　並ぶときの約束表、足型

対象児	10の姿
A（4歳児）	イ　自立心　ウ　協同性　エ　道徳性・規範意識の芽生え ク　数量や図形、標識や文字などへの関心・感覚
気になる姿	要因
遊戯室に移動するとき、友だちが並んでいるところに寄って行くが、いつまでも自分の場所に並ばない	❶並ぶ場所がわからない ❷いつまでに並べばよいかがわからない

目標
- （対象児）並ぶとき、10数えるまでに足型の上に立つことができる（先頭）
- （クラス）並ぶとき、10数えるまでに並ぶことができる

期間	具体的な支援方法		結果・評価		
7.1 〜 7.14 10日間	〈クラス環境の整えとクラス全体の支援〉	〈個別の支援〉	月日	○×	特記事項
	【当日の朝の会】 ・「○○組さん、並ぶとき、スーッと並べないのはどうしてかな？」「どうしたらいいかな？」などとクラスのようすを伝え、自主的に意見が出せるよう問いかける ・子どもたちの意見を取り上げながら「並ぶときには、先頭さんは、足型の上に立ちましょう。みんなはその後ろに並びましょう」、「みんなで協力して10数える間に並びましょう」と伝える	・どこに並んでよいかわからない子がいるので、まずは先頭で、足型の上に並ぶことを定着させる ・その後、友だちの後ろに並ぶ練習をする ・数字を使うといつまでに並んだらよいかがわかりやすい ・時間を意識できるようになるとよい			
	【並ぶとき】 ・「並びましょう」、「10数えるよ。1、2、…10」と数える ・「すごーい。10までにみんな並べました」と褒める	・最初の1週間は、Aを先頭に任命する ・「先頭さんは、10数える間に足型に立とうね」と伝える ・並べたら個別にも褒める	評価日： 7月14日（金）16：30〜		

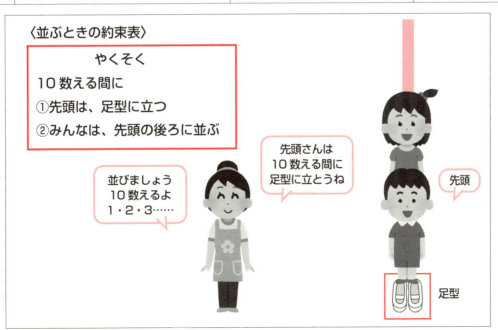

13　園庭から保育室に入ることができる（旗持ち係）

まとめ						
❶支援のテーマ 園庭から保育室に入ることができる（旗持ち係）		❷いつ 園庭から保育室に入るとき		❸どこで 園庭		
❹だれが 担任	❺だれに クラス全員（対象児A）	❻何回 10回	❼準備物 出発進行係の旗、出発進行係の手順表			

対象児	10の姿
A（4歳児）	ウ　協同性　エ　道徳性・規範意識の芽生え　ケ　言葉による伝え合い
気になる姿	要因
園庭遊びの後、「お部屋に入りましょう」と伝えても、入らず、園庭を走り回っている	❶やる気スイッチが入らない（部屋に入りたい気持ちになれない）

目標
（対象児）園庭から保育室に入るとき"出発進行係"をして部屋に入ることができる
（クラス）園庭から保育室に入るとき、グループごとに並んで部屋に入ることができる。グループを意識できる

期間	具体的な支援方法		結果・評価		
7.1〜7.14 10日間	〈クラス環境の整えとクラス全体の支援〉	〈個別の支援〉	月日	○×	特記事項
	【当日の朝の会】 ・"出発進行係"の旗を見せながら、「今日から"出発進行係"ができました。園庭から保育室に入るとき、出発進行係が旗を持って部屋に入るので、みんなはグループ順に並んで入ります」と伝える ・「今週の"出発進行係"はAさんです。みんなも順番にできるよ」と伝える 【園庭から保育室に入る】 ・保育室に入る時間の少し前、Aに旗を渡して「並びましょう！出発進行！」と係の声かけをするように伝える ・みんながグループ順に並んだら、Aを先頭に保育室に入るよう促す ・みんなで保育室に入れたことを褒める	・出発進行係でやる気スイッチが入る。保育室に入ることが定着したら、他児も順番に出発進行係をする ・Aに、担任が"出発進行係"の見本を見せ、係の手順を知らせる ・「みんなの先頭だよ。よろしくね」と声をかける ・「出発進行係でお部屋に入れたね」と個別にも褒める			評価日： 7月14日（金）16：30〜

〈出発進行係の旗〉

〈出発進行係の手順表〉

①先生から旗をもらう
②「並びましょう」と言う
③みんな並んだら「出発進行」と言って部屋に入る

並びましょう

出発進行

14 話を静かに聞くことができる（朝の会のスケジュール）

> **まとめ**
> **❶支援のテーマ** 話を静かに聞くことができる（朝の会のスケジュール）　**❷いつ** 朝の会のとき　**❸どこで** 保育室　**❹だれが**
> 担任　**❺だれに** クラス全員（対象児A）　**❻何回** 10回　**❼準備物** 話を聞くときの約束表、恐竜の指し棒、スケジュール表

対象児	10の姿
A （5歳児）	イ　自立心

気になる姿	要因
朝の会でスケジュールを見せて「今日の予定」を話しているとき、スケジュールを見ずに、友だちに話し続ける	❶興味が持てない ❷刺激し合う子が近くにいる ❸集中時間が短い

目標

（対象児）朝の会で担任がスケジュールを話しているとき、スケジュールを見ることができる
（クラス）朝の会で担任がスケジュールを話しているとき、約束を守って最後まで参加することができる

期間	具体的な支援方法		結果・評価		
			月日	○×	特記事項
7.1 〜 7.14 10日間	**〈クラス環境の整えとクラス全体の支援〉** 【事前】 ・あらかじめ、刺激し合わない子同士を隣にして、席を決めておく 【当日の朝の会】 ・話を聞くときはどのような姿勢で聞くとよいか質問する ・子どもたちと話を聞くとき、みんなの約束（スケジュール表を見る、お喋りをしない）を決める ・スケジュール表を見せ"恐竜の玩具がついた指し棒"で、子どもが興味を持てるように話す ・スケジュールは30秒以内で話す ・「上手に聞けたね」とクラス全員をOKサインで褒める	**〈個別の支援〉** ・Aは前列の担任の前で、隣は刺激し合わない子の席にする ・興味が持てるような支援グッズを使うと集中する ・個別にもOKサインで褒める			評価日： 7月14日（金）16：30〜

〈話を聞くときの約束表〉

みんなのやくそく
①スケジュールをみます
②おしゃべりをしません

〈スケジュール表〉

きょうすること
①あさのかい
②すきなあそび
③せいさく
④きゅうしょく
⑤すきなあそび
⑥おわりのかい

付録　4・5歳児の事例集　157

15 自分の席で絵本を見ることができる（絵本係）

まとめ	❶支援のテーマ 自分の席で絵本を見ることができる（絵本係） ❷いつ 絵本の読み聞かせのとき ❸どこで 保育室
	❹だれが 担任 ❺だれに クラス全員（対象児A） ❻何回 10回 ❼準備物 グループ表、係の仕事、興味が持てる短い絵本

対象児	10の姿
A（5歳児）	ウ　協同性　エ　道徳性・規範意識の芽生え　ケ　言葉による伝え合い　コ　豊かな感性と表現
気になる姿	要因
絵本の読み聞かせのとき、隣の子にちょっかいをかけたり、足を上げたり、動き回ったりする	❶絵本の内容に興味が持てない ❷集中時間が短い
目標	
（対象児）絵本の読み聞かせのとき、自分の席（絵本係）で、最後まで絵本を見ることができる（絵本係の仕事ができる） （クラス）絵本の読み聞かせのとき、自分の席で絵本を最後まで見ることができる（自分の係の仕事ができる）	

期間	具体的な支援方法		結果・評価		
7.1 〜 7.14 10日間	〈クラス環境の整えとクラス全体の支援〉	〈個別の支援〉	月日	○×	特記事項
	【当日の朝の会】 ・グループごとに係を決める（りんごグループは絵本係、メロングループは昆虫係、いちごグループは給食係など） ・各係の仕事内容を伝える 【朝の会の後】 ・絵本係の仕事内容をりんごグループに伝える 　①担任が選んでおいた3冊のなかからグループの友だちと相談して1冊を決める 　②「僕たちが選んだ絵本です。最後まで座って見ましょう」と言う 【絵本の読み聞かせ（帰りの会）】 ・絵本係が前に出て、「僕たちが選んだ絵本です。最後まで座って見ましょう」、「自分の席で絵本を見ましょう」と言うように促す ・担任は、絵本係が選んだ本を読む ・クラス全体に、最後まで座って見ることができたことを褒め、絵本係には「絵本係ありがとう」と伝える	・刺激し合う子と別のグループにする ・絵本係にする ・**Aが興味を示す短めの絵本を3冊、準備する** ・相談して決めるとき、意見が言えるよう、声をかける ・「自分の席で最後まで見ようね」と声をかける ・絵本係ができ、最後まで座って見ることができたことを褒める	・絵本の内容に興味が持てないと集中が途切れ、隣の子にちょっかいをかけたり、他の物を見て、動き出したりすることがある ・興味が持てる内容で、話が短い絵本は子どもが集中しやすい ・クラスのみんなが毎日できる係を決める。そこに絵本係も入れる ・係の決めかたは、子どもたちが自ら選ぶ方法、いろいろな経験をしてほしい場合は、順番に係をする方法がある		

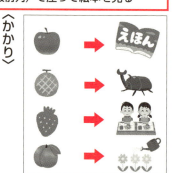

158

16 絵本を静かに見ることができる（絵本の読み聞かせとクイズ）

まとめ	❶支援のテーマ 絵本を静かに見ることができる（絵本の読み聞かせとクイズ） ❷いつ 絵本の読み聞かせのとき ❸どこで 保育室 ❹だれが 担任 ❺だれに クラス全員（対象児A） ❻何回 10回 ❼準備物 しずかにカード、話が短めの絵本

対象児	10の姿
A（5歳児）	エ　道徳性・規範意識の芽生え　ケ　言葉による伝え合い コ　豊かな感性と表現

気になる姿	要因
絵本の読み聞かせのとき、「静かに見ましょう」と伝えても、喋り続ける	❶喋り続けていることに気づかない ❷話が長い ❸やる気がスイッチが入らない

目標
（対象児）絵本の読み聞かせのとき、絵カードを見て、喋るのを止めることができる
（クラス）絵本の読み聞かせのとき、絵本に集中し、クイズに答えることができる

期間	具体的な支援方法	結果・評価
7.1 〜 7.14 10日間	〈クラス環境の整えとクラス全体の支援〉 【当日の絵本の読み聞かせ】 ・今から先生が絵本を読みます。後から絵本のなかに出てきたことのクイズをするよ」と予告する ・"しずかにカード" を見せながら「最後まで黙って見ましょう」、「お喋りをしていたら、先生が"しずかにカード"を出します」、「他の友だちに先生の声が聞こえないといけないので、"しずかにカード"が見えたらお喋りをやめましょう」と約束を伝える ・話が短めの本をメリハリをつけて読む ・絵本を読んだ後、クイズをする ・全員を褒める	〈個別の支援〉 ・絵本の読み聞かせのとき、子どもはいろいろなことを想像し、体験にもとづくエピソードなどを思い出し、喋り出すことがある ・担任は少しのお喋りなら大目に見る気持ちも大切 ・しかし、喋り続けていると友だちの迷惑になるので、"しずかにカード" で気づかせる ・喋り続けていたら、"しずかにカード"を見せ、気づかせる ・絵本を見た後、クイズをすることなど、後の楽しみを事前に伝えておくと、集中して聞く習慣が身についていく ・個別にも褒める	月日 ○× 特記事項 評価日： 7月14日（金）16：30〜

17 話を最後まで聞いて答えることができる（スリーヒントゲーム）

まとめ ❶支援のテーマ 話を最後まで聞いて答えることができる（スリーヒントゲーム）　❷いつ スリーヒントゲームのとき　❸どこで 保育室　❹だれが 担任　❺だれに クラス全員（対象児A）　❻何回 10回　❼準備物 約束表、スリーヒントゲームの絵カード

対象児	10の姿
A（5歳児）	ウ 協同性　カ 思考力の芽生え　ケ 言葉による伝え合い
気になる姿	要因
なぞなぞ遊びのとき、問題の途中で喋り出し、答えをまちがえる	❶問題を最後まで聞いていない

目標
（対象児）スリーヒントゲームのとき、3つのヒントを聞いて答えることができる
（クラス）スリーヒントゲームのとき、3つのヒントを聞いて答えることができる

期間	具体的な支援方法		結果・評価		
	〈クラス環境の整えとクラス全体の支援〉	〈個別の支援〉	月日	○×	特記事項
7.1〜7.14　10日間	【当日のスリーヒントゲーム】 ・話を聞くときはどのような姿勢で聞くといいか質問する ・子どもたちと話を聞くときのみんなの約束を決める ・スリーヒントゲームの約束「3つ聞いて、当てられてから答えます」と伝える ・たとえば、指で数字を示しながら、「①赤いです　②丸いです　③果物です」と、3つヒントを出し、「わかった人は手をあげましょう」と言って、子どもを当てる ・「答えはりんごです」と正解を伝える ・ゲームを進め、ひとり一問、当てるようにする ・「3つ聞いて答えられたね」とOKサインで褒める	・Aは前列の担任の前にする ・喋り出しそうになったら、「3つ聞いてから答えてね」と伝える ・個別にも褒める			評価日： 7月14日（金）16：30〜

・最後まで聞かずに行動してしまうことで、注意されたり、失敗したりする体験を重ねさせないようにする
・"3つ聞いてから答える"という遊びを体験することで、最後まで聞く習慣が身につきやすい

〈スリーヒントゲームの約束表〉

スリーヒントゲームの やくそく
① 3つききます
② あてられたらこたえます

①赤いです
②丸いです
③果物です

わかった人は手をあげましょう

〈スリーヒントゲームに使う絵カードの例〉

18 みんなの前で発表することができる（遊んだ内容）

まとめ ❶支援のテーマ みんなの前で発表することができる（遊んだ内容） ❷いつ 帰りの会のとき ❸どこで 保育室
❹だれが 担任 ❺だれに クラス全員（対象児A） ❻何回 10回 ❼準備物 話しかた（方／型）カード、遊びカード

対象児	10の姿
A （5歳児）	カ 思考力の芽生え ケ 言葉による伝え合い
気になる姿	要因
帰りの会で「今日、何をして遊んだか」を話すとき、黙り続けている	❶話す内容がわからない ❷話しかた（方／型）がわからない

目標
（対象児）帰りの会で「今日、何をして遊んだか」を話すとき、担任と一緒に、遊びカードを選んで話すことができる
（クラス）帰りの会で「今日、何をして遊んだか」を話すとき、遊んだことを発表できる。クラスの他児の発表を認める

期間	具体的な支援方法		結果・評価		
7.1 〜 7.14 10日間	〈クラス環境の整えとクラス全体の支援〉	〈個別の支援〉	月日	○×	特記事項
	【当日の朝の会】 ・あらかじめ「今日の帰りの会で、みんなが何をして遊んだかのお話をしてもらいます」と伝える 【帰りの会】 ・「今日何して遊んだか？」の質問に対して、〈遊びカード〉と話しかた（方／型）のカードを使って、担任が見本を見せる ・「自分で言いかたを考えたり、遊びを思い出したりして発表してもよいこと」、「何を言うかわからない人は、遊びカードのなかから選んでもよいこと」を伝える ・順番に発表するように伝える ・「みんな楽しく遊べました。発表も上手でした」とクラス全体を褒める	・帰りの会までに何を発表するかを一緒に考えて、遊びカードを選んでおく ・Aには遊びカードをひとつ選ぶ計画からスタートする ・Aは3番目くらいにする ・Aが困っているようであれば、担任が遊びカードを見せて一緒に話す ・「Aさん頑張ったね」とハイタッチで褒める			評価日： 7月14日（金）16：30〜

〈話しかた（方／型）カード〉　　〈遊びカードの例〉

ぼくは　□　をしました。
わたしは

ぼくは、おにごっこをしました

 せいさく　 いすとりげーむ　 おにごっこ　

ままごと　ねんどあそび　せいさく

しっぽとり　 とらんぷ　 すなばあそび

付録　4・5歳児の事例集　161

19 絵カードに描かれている物のことばの数だけ、手を叩くことができる（おなまえドット）

まとめ	❶支援のテーマ	絵カードに描かれている物のことばの数だけ、手を叩くことができる（おなまえドット）	❷いつ	ことば遊びのとき
	❸どこで 保育室 ❹だれが 担任 ❺だれに クラス全員（対象児A） ❻何回 10回 ❼準備物 ドット入りの絵カード				

対象児	10の姿
A（5歳児）	ク　数量や図形、標識や文字などへの関心・感覚
気になる姿	要因
ことば遊びで、「先生が言ったことばの数だけ手を叩きましょう」と言ったとき、手を叩く数が多かったり少なかったりする	❶ことばの数がわからない　（りんご→3、ねこ→2） ●●●　●●

目標
（対象児）ことば遊びのとき、絵カードに描かれている物のことばの数だけ、手を叩くことができる
（クラス）ことば遊びのとき、絵カードに描かれている物のことばの数だけ、手を叩くことができる

期間	具体的な支援方法		結果・評価		
	〈クラス環境の整えとクラス全体の支援〉	〈個別の支援〉	月日	○×	特記事項
7.1 ～ 7.14 10日間	【当日のことば遊び（おなまえドット）】 ・遊びかたを伝え、見本を見せる 　①絵カードに描かれている物のことばを言う 　②ことばの数だけ手を叩く ・絵のカード（5文字までのもの）を準備する ・途中で理解できない子どもがいたら、モデルを見せる（たとえば、うさぎのカードを見せて「う・さ・ぎ」と刻んだ言いかたをして、手を3回、叩いて見せる） ・その後も同じようにカードを変えて遊びを進める ・クラス全員に「みんなとっても上手に手を叩けました」と褒める	・はっきりと数えられる物の絵カードを準備する ・リズムに合わせて、ゆっくりと数える ・わからないようであれば、「う・さ・ぎ」と言いながら手を添えて、3回叩く支援をする ・ことば遊びができたことを個別にも褒める			
			評価日： 7月14日（金）16：30～		

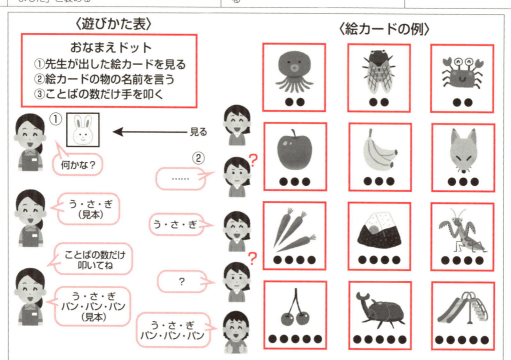

20 初めてのダンスの練習をすることができる（上半身の真似）

まとめ
❶支援のテーマ　初めてのダンスの練習をすることができる（上半身の真似）　❷いつ　初めてダンスの練習をするとき
❸どこで　保育室　❹だれが　担任、主任　❺だれに　クラス全員（対象児A）　❻何回　10回　❼準備物　身体の動かしかたのイラスト、右手につけるリボン、ダンスの曲のCD、CDデッキ

対象児	10の姿
A（4歳児）	ア　健康な心と体　ウ　協同性　コ　豊かな感性と表現

気になる姿	要因
初めて運動会のダンスを練習するとき、友だちが踊っているのを見ているだけで、身体を動かさない	❶身体の動かしかたがわからない

目標
（対象児）初めてダンスの練習をするとき、担任を見て、上半身の真似ができる
（クラス）初めてダンスの練習をするとき、担任を見て、上半身の真似ができる。左右がわかる

期間	具体的な支援方法		結果・評価		
7.1〜7.14 10日間	〈クラス環境の整えとクラス全体の支援〉	〈個別の支援〉	月日	○×	特記事項
	【当日のダンスの練習】・一列に並べた椅子に座るよう伝える・担任はリボンのついた左手を見せ、子どもたちには右手につけるよう伝える（担任と子どもたちが対面した場合は反対につける）・掲示してあるイラストに沿って、上半身の動かしかたのモデルを見せる	・担任がよく見えるところに座らせる・「右手にリボンをつけようね」と促し、確認する			
		・円形にすると角度によって動きがわかりにくいので、横一列に並んで行う・座って行うことにより、上半身だけを動かすことができ、動きを理解しやすい・リボンをつけている手を意識させる			
	・**1フレーズずつ、確認しながらゆっくり進める**・最後に曲に合わせて踊る・「今日はとっても上手に踊れました」とクラス全体を褒める	・**上半身の動かしかたの真似**をしているかどうか確認する・「みんなと一緒に踊れたね。素晴らしいです」とハイタッチで褒める	評価日：7月14日（金）16：30〜		

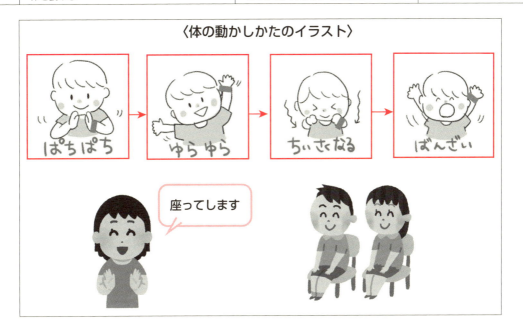

〈体の動かしかたのイラスト〉
ぱちぱち → ゆらゆら → ちぃさくなる → ばんざい
座ってします

21　指示した物を持ってくることができる（おつかいゲーム）

まとめ　❶支援のテーマ　指示した物を持ってくることができる（おつかいゲーム）　❷いつ　おつかいゲームのとき　❸どこで　保育室　❹だれが　担任、園長、主任　❺だれに　クラス全員（対象児A）　❻何回　10回　❼準備物　カーテンまたはつい立て、机、遊びかたの絵図、ゲームで使う品物

対象児	10の姿
A（4歳児）	エ　道徳性・規範意識の芽生え　カ　思考力の芽生え　ク　数量や図形、標識や文字などへの関心・感覚　ケ　言葉による伝え合い
気になる姿	要因
「帽子をかぶって、ビニール袋と水筒を持って、テラスに座りましょう」と伝えたとき、自分の席から動かず、ぼんやりしている	❶3つ以上の物やすることを覚えられない ❷興味が持てない

目標
（対象児）おつかいゲームのとき、担任が指示した2つの物を持ってくることができる
（クラス）おつかいゲームのとき、自分が決めた数の物を担任に指示してもらい、持ってくることができる。友だちの応援ができる

期間	具体的な支援方法		結果・評価		
7.1〜7.14　10日間	〈クラス環境の整えとクラス全体の支援〉 ・聞いて行動できることを、楽しみながら達成できる遊び 【当日のおつかいゲーム】 ・おつかいゲームの品物はカーテンやつい立ての後ろに置き、見えないように準備する ・おつかいゲームの遊びかたを絵図で知らせる ・「2つでも、3つでも自分が覚えられる数に挑戦しよう」と伝える ・園長、主任、担任で見本を見せる ・担任はグループ順に呼んで進める ・順番を待っている子どもには「友だちを応援しようね」と伝える ・各児が挑戦する数を担任に伝えるように促す ・各児に、物の名前のみを伝え、持ってくるように促す ・みんなで遊べたこと、応援できたことを褒める	〈個別の支援〉 ・ゲームの前日までに、ゲームで使う物の名前を知っているか確認しておく ・おつかいゲームの品物には、各児の興味のある物を入れる ・具体物だけではなく、絵カード、文字カード、数字カードなどを活用すると、子どもに応じた発達を促すことができる ・Aは2番目のグループにする（モデルを見ることができる） ・Aの興味のあるものを2つ持ってくるように伝える ・おつかいゲームができたことを褒める	月日　〇×	特記事項 ・具体的には「帽子（物）をかぶって（すること）、ビニール袋（物）と水筒（物）を持って（すること）、テラスに座る（すること）」が3つ以上あるとわからない 評価日： 7月14日（金）16：30〜		

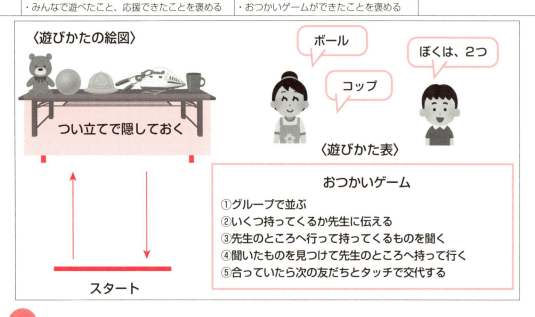

22 文字を読んで書かれている物を持ってくることができる
（借り物ゲーム）

まとめ	❶支援のテーマ 文字を読んで書かれている物を持ってくることができる（借り物ゲーム） ❷いつ 借り物ゲームのとき ❸どこで 遊戯室 ❹だれが 担任、園長または主任 ❺だれに クラス全員（対象児A） ❻何回 10回 ❼準備物 遊びかた表、文字カード、文字・絵カード、借り物ゲームに使う品物

対象児	10の姿
A（5歳児）	エ　道徳性・規範意識の芽生え　ク　数量や図形、標識や文字などへの関心・感覚

気になる姿	要因
借り物ゲームのとき、文字札に書かれている物を持って来ることができない	❶文字が読めない

目標
（対象児）借り物ゲームのとき、絵と文字のカードを見て、書かれている物を持ってゴールすることができる
（クラス）借り物ゲームのとき、文字カードを読んで書かれている物を持ってゴールすることができる

期間	具体的な支援方法		結果・評価		
	〈クラス環境の整えとクラス全体の支援〉	〈個別の支援〉	月日	○×	特記事項
7.1〜7.14 10日間	【当日の借り物ゲーム】 ・借り物のカードは「**文字と絵**」、「**文字**」の**2種類あることを伝える** ・担任が遊びかたの見本を見せる 　①カードに書いてある文字を読んで玩具を取りに行く 　②わからないときは絵カードを見てもよいことを伝える ・担任の「よーいどん」の合図で借り物ゲームをする（一緒にスタートする人数は4人くらいにする） ・担任はカード置き場で、子どもがカードを見ているか、困ったことがないかなどを観察し、困っていたら援助する ・園長また主任がゴールで待ち、カードと同じものを持ってくることができたことを褒める	・文字に親しみが持てるよう、絵と文字のカードを準備する ・**Aの前のカード置き場には「文字と絵」のカードを置いておく** ・前に並んだ2人の友だち（モデル）を見て、ゲームのルールがわかるように、3番目くらいにする ・Aは担任側の一番端の列、3番目に並ぶ ・絵カードを見ても、取る物がわからないときは、カードに注目させ、担任が文字を読んで一緒に復唱する。担任は一緒に取りに行く ・借り物ゲームの後、個別にも褒める			評価日： 7月14日（金）16：30〜

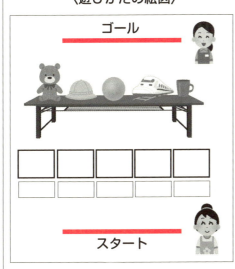

〈遊びかたの絵図〉

〈遊びかた表〉

借り物ゲーム
①カードをめくって文字を読む
②わからないときは絵カードを見る
③カードと同じものを取ってゴールする

〈借り物カードの例〉

23　友だちとペースを合わせて遊ぶことができる（ボール運び競争）

まとめ	❶支援のテーマ　友だちとペースを合わせて遊ぶことができる（ボール運び競争）　❷いつ　ボール遊び競争のとき　❸どこで　遊戯室　❹だれが　担任、主任　❺だれに　クラス全員（対象児A）　❻何回　10回　❼準備物　遊びかたの絵図、トレイ（2個）、ボール、ボールを入れるカゴ（2個）

対象児	10の姿
A（4歳児）	ア　健康な心と体　ウ　協同性　エ　道徳性・規範意識の芽生え　ク　数量や図形、標識や文字などへの関心・感覚
気になる姿	要因
ボール運び競争のとき、「新聞紙が破れないようにそーっと運びましょう」と言っても、急いで引っ張るので、新聞紙が破れ、ゲームが続かない	❶ペースを合わせられない
目標	
（対象児）ボール運び競争のとき、友だちとペースを合わせてボールを運ぶことができる （クラス）ボール運び競争のとき、友だちとペースを合わせてボールを運ぶことができる	

期間	具体的な支援方法		結果・評価		
7.1 〜 7.14 10日間	〈クラス環境の整えとクラス全体の支援〉	〈個別の支援〉	月日	○×	特記事項
	【当日のボール遊び競争】 ・ボール遊び競争の絵図を見せながら、遊びかたを伝える ・担任と主任で遊びかたの見本を示す ・「友だちとペースを合わせて、4つボールを運ぼうね」、「ボールを運んだら次のペアにトレイを渡しましょう」と伝える ・2チームに分かれてゲームを始める ・ゲームが終わった後で、ボール運び競争の勝敗を伝える ・全員に友だちとペースを合わせてボールが運べたことを褒める	遊びをとおして、友だちとペースを合わせる体験をする ・担任はそばについて、ペースが速くなってきたら「友だちとペースを合わせようね」と声をかけ、速さを合わせる支援をする ・個別にも褒める			
			評価日： 7月14日（金）16：30〜		

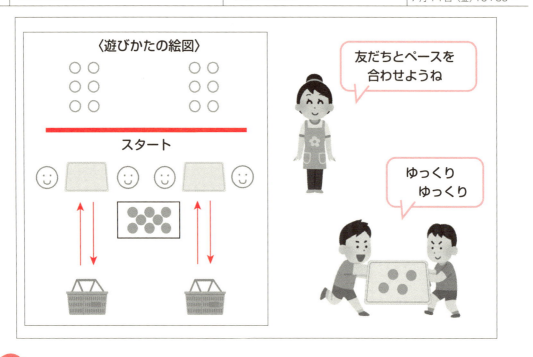

24 友だちを誘って一緒に遊ぶことができる（トントン相撲ゲーム）

まとめ
- ❶支援のテーマ　友だちを誘って一緒に遊ぶことができる（トントン相撲ゲーム）　❷いつ　トントン相撲のとき
- ❸どこで　保育室　❹だれが　担任　❺だれに　クラス全員（対象児A）　❻何回　10回　❼準備物　トントン相撲（土俵、力士）、誘いかた表

対象児	10の姿
A（4歳児）	ウ 協同性　エ 道徳性・規範意識の芽生え　カ 思考力の芽生え　ケ 言葉による伝え合い

気になる姿	要因
自由遊びのとき、制作やブロック遊びをひとりでしていて、友だちと遊ばない	❶友だちと遊ぶ経験が少ない ❷友だちを誘う経験が少ない

目標
（対象児）トントン相撲のとき、友だちを誘って一緒に遊ぶことができる
（クラス）トントン相撲のとき、友だちを誘って一緒に遊ぶことができる

期間	具体的な支援方法		結果・評価		
7.1〜7.14　10日間	〈クラス環境の整えとクラス全体の支援〉	〈個別の支援〉	月日	○×	特記事項
	【当日のトントン相撲】 ・「今日はみんなでトントン相撲をするよ」と伝え、遊びかたを伝える ・初めのペアを決めておく ・誘いかたを表とロールプレイで伝える 「○○くん、トントン相撲しよう」→「いいよ」 ・ペアでトントン相撲を始めるよう伝える ・「友だちと遊んで楽しかったね」と褒める	・同じ遊びばかりしている子どものなかには、自分から友だちを誘えない子どもがいます ・そのような場合、この計画のように遊びの環境を整え、クラス全体で友だちを誘い合う経験を増やす工夫をしましょう ・誘いかたのモデルを担任と2人でする ・友だちをうまく誘えないときは、担任と一緒に誘う ・誘った友だちと遊ぶ ・「友だちと遊んで楽しかったね」とOKサインで褒める			評価日： 7月14日（金）16：30〜

付録　4・5歳児の事例集　167

25 友だちのよいところを伝えることができる
（よいところ探しゲーム）

まとめ ❶支援のテーマ　友だちのよいところを伝えることができる（よいところ探しゲーム）　❷いつ　よいところ探しゲームのとき　❸どこで　保育室（園舎）　❹だれが　担任　❺だれに　クラス全員（対象児A）　❻何回　10回　❼準備物　ペア表、よいところ表、よいところ探しの木、付箋紙

対象児	10の姿
A（5歳児）	ウ　協同性　カ　思考力の芽生え　ク　数量や図形、標識や文字などへの関心・感覚　ケ　言葉による伝え合い　コ　豊かな感性と表現

気になる姿	要因
自由遊びのとき、友だちが「ブロック一緒につくろう」と誘っても「○君はブロック遊び下手だからいや」、「僕は上手につくれる」など、自分のよいところは言えるが、友だちのよいところは言えない	❶友だちのよいところがわからない

目標
（対象児）よいところ探しゲームのとき、ペアの友だちと一緒に、クラスの友だちのよいところを担任に伝えることができる
（クラス）よいところ探しゲームのとき、ペアの友だちと協力して友だちのよいところを見つけ、担任に伝えることができる

期間	具体的な支援方法		結果・評価		
	〈クラス環境の整えとクラス全体の支援〉	〈個別の支援〉	月日	○×	特記事項
7.1〜7.14　10日間	【当日のよいところ探し】 ・よいところ探しゲームをすることを伝え、「友だちのよいところ表」を見せ、友だちのよいところはどんなことがあるか意見を聞く ・よいところ探しゲームの遊びかたを伝える ①クラスの友だちのよいところをペアの友だちと話し合う。友だちのよいところを探しに行く ②探したら担任に言いに行く ③担任は付箋紙に書いて「よいところ探しの木」に貼る ・よいところ探しは、朝の自由遊びと給食前までにすることを伝える ・子どもはペアの子と一緒に、友だちのよいところを探す ・帰りの会のとき、子どもは木に貼ってあるよいところを発表する ・友だちのよいところを探せたことを褒める	・友だちに嫌なことを言わないように指導するよりも、友だちのよいところに目を向けられるような遊びからスタートすると、気持ちの優しい子どもが育ち、ほっこりした暖かいクラスになる ・クラスの子どものよいところを見つけられないペアには、担任が友だちのよいところをそっと教えるとゲームが発展する ・しっかりした子とペアにする ・個別にも友だちのよいところを探せたことを褒める			

〈よいところ探しの木〉　〈友だちのよいところ表〉
ともだちのよいところ
・すりっぱをならべてくれた
・おはようといってくれた
・じょうずにならんでいた
・てをきれいにあらっていた

〈よいところ探しゲームの手順表〉

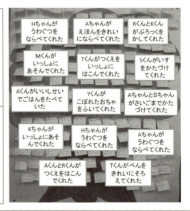

〈よいところ探しの木〉

26 ルールを守って遊ぶことができる（すごろくゲーム）

まとめ	❶支援のテーマ ルールを守って遊ぶことができる（すごろくゲーム） ❷いつ すごろくゲームのとき ❸どこで 保育室 ❹だれが 担任 ❺だれに クラス全員（対象児A） ❻何回 10回 ❼準備物 すごろくセット（盤、サイコロ、駒）5つ、ルール表

対象児	10の姿
A（4歳児）	ウ 協同性　エ 道徳性・規範意識の芽生え　ク 数量や図形、標識や文字などへの関心・感覚
気になる姿	要因
すごろくゲームで友だちの番が来たとき、友だちの駒や自分の駒を勝手に動かしてしまう	❶すごろくゲームのルールがわからない

目標
（対象児）すごろくゲームのとき、担任と一緒に、駒を触らずに待つことができる
（クラス）すごろくゲームのとき、ルールを守って遊ぶことができる

期間	具体的な支援方法		結果・評価		
7.1〜7.14 10日間	〈クラス環境の整えとクラス全体の支援〉【当日のすごろくゲーム】・クラスを5人ずつのグループに分け、5つのすごろくセットを置いておく（クラス人数25名）・ジャンケンで順番を決め、座るよう伝える・ルール表を見せながら、ルールを伝える　〈すごろくゲームのルール〉　・自分の番のときに、自分の駒とサイコロを動かす　・友だちの番のときは、駒とサイコロに触らない・すごろくゲームを順番に進める・ルールを守って遊べたことを褒める	〈個別の支援〉・初めは、一斉活動として取り組み、遊びかたを知らせる・自由遊びコーナーにもすごろくセットを置いておくと、子どもたちが誘い合って遊ぶようになる・Aの隣に担任が座る・個別にもすごろくゲームのルールを伝えておく・触りそうになったら、「A君の番が来るまで、触らないルールだったね」と手を添えて、そっと止める・駒を触らずに待てたことを褒める	月日	○×	特記事項
			評価日：7月14日（金）16：30〜		

〈すごろくゲームのルール表〉

すごろくゲームのルール
①自分の番のときに、駒とサイコロを動かします
②友だちの番のときには、駒とサイコロに触りません

〈すごろくセット〉

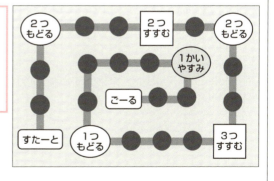

27 協力して集団遊びに最後まで参加することができる
（「素敵なパフェをつくろう」ゲーム）

> **まとめ**
> ❶支援のテーマ　協力して集団遊びに最後まで参加することができる（「素敵なパフェをつくろう」ゲーム）　❷いつ　「素敵なパフェをつくろう」ゲームのとき　❸どこで　保育室　❹だれが　担任、園長、主任　❺だれに　クラス全員（対象児A）　❻何回　10回　❼準備物　遊びかた表、パフェの材料、ホワイトボード

対象児	10の姿
A（4歳児）	ウ　協同性　エ　道徳性・規範意識の芽生え　カ　思考力の芽生え　ク　数量や図形、標識や文字などへの関心・感覚　ケ　言葉による伝え合い　コ　豊かな感性と表現
気になる姿	要因
自由遊びのとき、「友だちと一緒に遊ぼうよ」と誘っても、ぬり絵をしてひとりでいる	❶友だちと遊ぶ経験が少ない
目標	
（対象児）「素敵なパフェをつくろう」ゲームのとき、友だちと一緒に、最後まで決まった係に取り組むことができる （クラス）「素敵なパフェをつくろう」ゲームのとき、決まった係を最後までできる。イメージを共有し、協力してパフェをつくることができる	

期間	具体的な支援方法		結果・評価		
7.1 〜 7.14 10日間	〈クラス環境の整えとクラス全体の支援〉	〈個別の支援〉	月日	○×	特記事項
	【当日の「素敵なパフェをつくろう」ゲーム】 ・3人1組のチームと係（①先生とジャンケンする係、②アイス、フルーツ、クリームを取りに行く係、③パフェに盛りつける係）を決めておく ・できあがりのパフェを見せながら、ゲームの説明をし、「おいしそうだね」と期待が持てる声かけをする ・**「3人がそれぞれの係をします。協力をして素敵なパフェをつくります」と伝える** ・担任・園長・主任でロールプレイをして見せる ・ゲームを進める ・できあがりのパフェをみんなで見て、素敵なところを伝え合う ・3人で協力してそれぞれの役割ができたことを褒める	・「どの係がしたい」と聞いて、係を決めておく ・「素敵なパフェをつくろう」ゲームは、**友だちと協力してやり遂げる体験**を提供できる遊びです。ひとりで遊んでいる子やひとつの遊びに集中できず、遊びが次々移っていく子には、楽しく集中して遊べる効果があります ・困っているときには、個別に声をかける ・友だちと最後まで取り組めたことを褒める			評価日： 7月14日（金）16：30〜

〈係の表〉

【係】
①先生とジャンケンをする係
②アイス、フルーツ、クリームを取りに行く係
③飾りつけをする係

〈遊びかたの表〉

・かち　　3こ
・あいこ　2こ
・まけ　　1こ

・あいす　ジャンケン2かい

・ふるーつ　ジャンケン2かい

・くりーむ　ジャンケン1かい
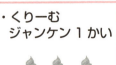

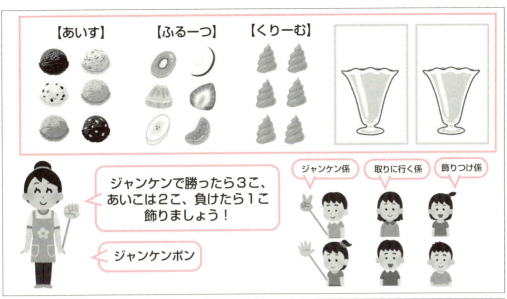
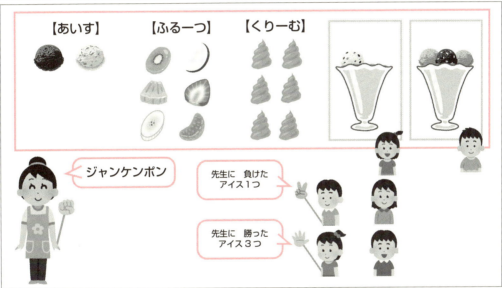
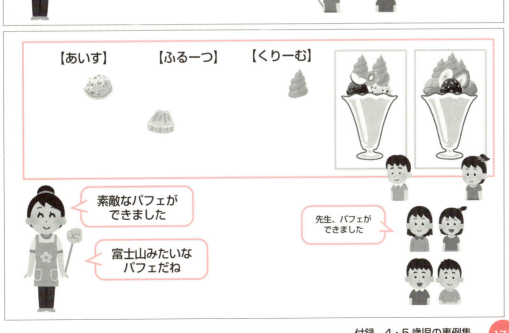

28 ごっこ遊びで決まった役割をすることができる
（保育室でできるジュース屋さんごっこ）

> **まとめ** ❶支援のテーマ　ごっこ遊びで決まった役割をすることができる（保育室でできるジュース屋さんごっこ）　❷いつ　ジュース屋さんごっこのとき　❸どこで　保育室　❹だれが　担任　❺だれに　クラス全員（対象児A）　❻何回　10回　❼準備物　言いかた表、チケット、コップ、ジュース3種類、クリーム、フルーツ、ストロー

対象児	10の姿
A（4歳児）	ウ　協同性　オ　社会生活との関わり　ク　数量や図形、標識や文字などへの関心・感覚　ケ　言葉による伝え合い　コ　豊かな感性と表現

気になる姿	要因
ごっこ遊びのとき、友だちに「これください」と言われても、品物を渡したり、やり取りしたりできない	❶言いかたや振る舞いかたがわからない（役割のセリフと動き）

目標
（対象児）ジュース屋さんごっこのとき、担任と一緒に、決まった役割をすることできる
（クラス）ジュース屋さんごっこのとき、役割の振る舞い（セリフと動き）をすることできる

期間	具体的な支援方法		結果・評価	
7.1 〜 7.14 10日間	〈クラス環境の整えとクラス全体の支援〉 【事前】 ・ジュース屋さんのグループ、お客さんのグループに分けておく（事前になりたい役割を聞いておく） ・ジュース屋さんの役割を5つ（①チケット係、②ジュース係、③クリーム係、④フルーツ係、⑤ストロー係）つくっておく ・セリフを机に貼っておく 【当日ジュース屋さんごっこ】 ・ジュース屋さんごっこの遊びかたを伝える ・担任、主任などで遊びかたの見本を見せる ・子どもはグループに分かれて、スタートする ・できたジュースはそれぞれの子がジュースコーナーに飾る ・ジュース屋さん役とお客さん役を具体的に褒める	〈個別の支援〉 ・画用紙でつくったジュース、綿でつくったクリームなどを使って、保育室でできるジュース屋さんごっこです ・ごっこ遊びは、役割の振る舞いや言いかたを理解して再現する遊びのひとつです ・最近はテレビやユーチューブなどが遊び相手で、具体的な遊びや生活の体験が少ない子どももいます ・園でのごっこ遊びの体験は、コミュニケーションの観点からも有用です ・Aはジュース係からスタートし、他の役割も順番にできるようにする ・担任と一緒に役割のセリフを言うようにする ・その都度、「上手に言えたね」と褒める	月日　○×　特記事項 評価日： 7月14日（金）16：30〜	

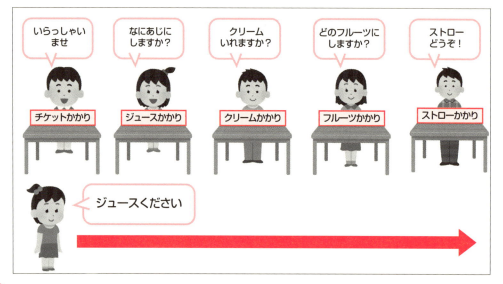

172

〈言いかた表〉

〈ジュース屋さんの5つの役割〉　　　　〈お客さんの役割〉

①チケットかかり（チケットをきる）
「いらっしゃいませ」　　　　　　　→「こんにちは」
「チケットをおねがいします」　　　→（チケットをわたす）

②ジュースかかり（ジュースをいれる）
「なにあじにしますか？」　　　　　→「いちごあじにします」
（いちご・ぶどう・めろん）

③クリームかかり（クリームをいれる）
「クリームいれますか？」　　　　　→「クリームいれます」

④フルーツかかり（フルーツをいれる）
「どのフルーツにしますか？」　　　→「りんごにします」

⑤ストローかかり（すとろーをさす）
「ストローどうぞ！」　　　　　　　→「ありがとうございました」

「なにあじにしますか？」
（ぶどう・みかん・サイダー）

※ジュースはお花紙や色紙を丸めてつくります

「クリームいれますか？」

※クリームは綿でつくります

「どのフルーツにしますか？」

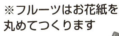
※フルーツはお花紙を丸めてつくります

「ストローどうぞ！」

付録　4・5歳児の事例集　173

29 ごっこ遊びで決まった役割をすることができる
（レストランごっこ）

まとめ
❶支援のテーマ　ごっこ遊びで決まった役割をすることができる（レストランごっこ）　❷いつ　レストランごっこのとき
❸どこで　保育室　❹だれが　担任、主任　❺だれに　クラス全員（対象児A）　❻何回　10回　❼準備物　紙芝居、オーダー表、言いかた表、ハンバーグとエビフライ、コックの帽子、ホール係のエプロン

対象児	10の姿
A　（5歳児）	ウ　協同性　オ　社会生活との関わり　ク　数量や図形、標識や文字などへの関心・感覚　ケ　言葉による伝え合い　コ　豊かな感性と表現

気になる姿	要因
ごっこ遊びコーナーで、フライパンに卵を入れたりハンバーグを入れたりするが、役割を決めてセリフを言いながら友だちとやり取りする姿がない	❶言いかたや振る舞いかたがわからない（セリフと動き）

目標
（対象児）レストランごっこのとき、担任と一緒に、決まった役割ができる
（クラス）レストランごっこのとき、役割の振る舞い（セリフと動き）ができる

期間	具体的な支援方法		結果・評価		
7.1 〜 7.14 10日間	〈クラス環境の整えとクラス全体の支援〉	〈個別の支援〉	月日	○×	特記事項
	【事前】・紙芝居を読んで、レストランのイメージをふくらませ、メニューを一緒に考える・それぞれのグループでコック、ホール係、お客さんに分かれる・レストランでのやり取りや振る舞いについて、子どもたちから意見を聞く	・クラスのみんなの意見から、ごっこ遊びの場面を決め、子どもたちのイメージが膨らむように環境を整えたり、助言をしたりして、どの子もごっこ遊びを楽しめる工夫をする			
	【当日のレストランごっこ】・「言いかたがわからない場合は言いかた表があるので真似をしたらいいよ」と伝える・担任と主任が見本を見せる・レストランごっこをすることを伝える・役割は順番に代わることを伝える	・Aには、お店の人の役（ホール係）からスタートすることを伝える・担任はAの隣につき、一緒に動き、セリフを言う			評価日：7月14日（金）16：00〜
	・クラス全体を褒める	・やり取りができたことを褒める			

〈言いかた表〉

（ホール係）「いらっしゃいませ」
「ハンバーグにしますか？　エビフライにしますか？」
※お客が注文する→テーブルごとに注文をまとめる ── → **オーダー表**

（ホール係）「ハンバーグが2個、エビフライが2個ですね」
「お願いします」（と言って、コックにオーダー表を渡す）

注文の数だけ○にチェック（色を塗る）する

（コック）「わかりました」（と言ってオーダー表を受け取る）
「ハンバーグ2個、エビフライ2個できました」（料理を出す）

〈ハンバーグ〉
○○○○

（ホール係）「はい」（と言って取りに行く）
「ハンバーグの人どうぞ！　エビフライの人どうぞ！」
（と言ってテーブルに置く）

〈エビフライ〉
○○○○

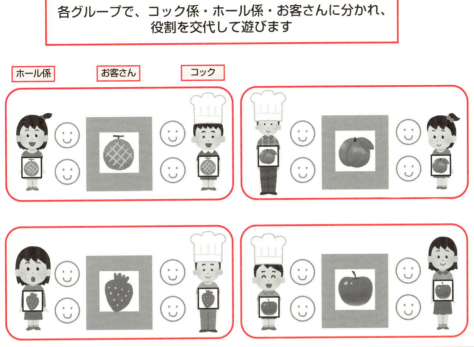

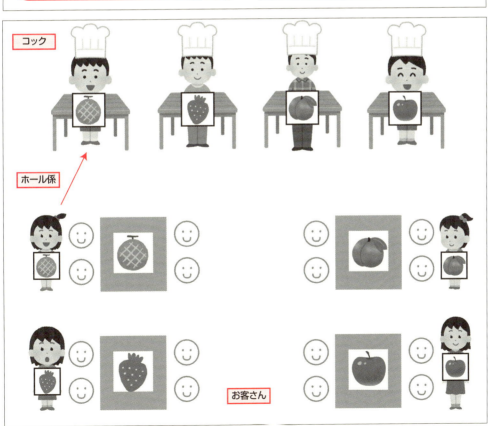

30 いろいろな園庭の遊具で遊ぶことができる
（園庭サーキット遊び）

まとめ		
❶支援のテーマ いろいろな園庭の遊具で遊ぶことができる（園庭サーキット遊び） ❷いつ 園庭サーキットのとき ❸どこで 園庭 ❹だれが 担任 ❺だれに クラス全員（対象児A） ❻何回 10回 ❼準備物 絵図入りの園庭サーキットの全体図、シール台紙、シール		

対象児	10の姿
A（4歳児）	ア 健康な心と体　イ 自立心　ウ 協同性　エ 道徳性・規範意識の芽生え
気になる姿	要因
園庭遊びのとき、「ジャングルジムで遊ぼう」、「ブランコで遊ぼう」と遊具遊びに誘っても、いつも砂を触っていて遊具で遊ばない	❶遊具の使いかた（遊びかた）を知らない
目標	
（対象児）園庭サーキット遊びのとき、いろいろな遊具で遊ぶことができる （クラス）園庭サーキット遊びのとき、いろいろな身体の動かしかたを知る。友だちと一緒にチャレンジすることができる	

期間	具体的な支援方法		結果・評価		
7.1 〜 7.14 10日間	〈クラス環境の整えとクラス全体の支援〉	〈個別の支援〉	月日	○×	特記事項
	【当日の園庭サーキット遊び】 ・絵図入りの園庭サーキットの全体図を見せながら、園庭サーキットの遊びかたや遊具の使いかたを説明し、「先生がやってみるよ」とすべての遊具の使いかたの見本を見せる ・自分の力に応じた遊具の使いかたをしてもよいことを伝える ・全部の遊具にチャレンジした後、シールが貼れることを伝える ・グループごとに呼び、スタートするよう伝える ・終わったらテラスでシールを渡す ・ハイタッチで全員を褒める	・クラスのみんなが同じ遊びに取り組み、達成感が持てるようにしましょう ・運動能力がそれぞれ異なっていても、自分のできる範囲で、その遊具を使えることが大切です。「ジャングルジムは登っても、くぐってもいいよ」「鉄棒はぶら下がっても、逆上がりしてもいいよ」など、各児の運動能力に応じた声かけで、子どもがチャレンジする気持ちを後押ししましょう ・Aは2グループの2番目にする（モデルになる子の後ろにする） ・担任がそばでチャレンジできるよう支援する。スモールステップで遊具遊び体験をすすめる ・OKサインで褒める			評価日： 7月14日（金）16：00〜

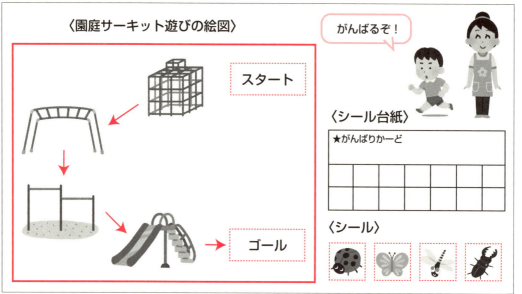

31 負けても最後まで集団遊びに参加することができる
（復活椅子取りゲーム）

まとめ
❶支援のテーマ　負けても最後まで集団遊びに参加することができる（復活椅子取りゲーム）　❷いつ　復活椅子取りゲームのとき　❸どこで　保育室　❹だれが　担任　❺だれに　クラス全員（対象児A）　❻何回　10回　❼準備物　椅子取りゲームの遊びかた、CD、CDデッキ

対象児	10の姿
A（4歳児）	ア 健康な心と体　ウ 協同性　エ 道徳性・規範意識の芽生え

気になる姿	要因
椅子取りゲームのとき、椅子に座れないと泣いて部屋から出て行く	❶ 1回負けるとやる気スイッチが途切れる

目標
（対象児）復活椅子取りゲームのとき、最後まで参加することができる
（クラス）復活椅子取りゲームのとき、最後まで参加することができる

期間	具体的な支援方法		結果・評価		
	〈クラス環境の整えとクラス全体の支援〉	〈個別の支援〉	月日	○×	特記事項
7.1〜7.14 10日間	【当日の復活椅子取りゲームのとき】 ・キラキラ輝く"復活席"をひとつつくっておく ・復活椅子取りゲームの遊びかた表を使って説明をする 遊びかた ①音楽が鳴ったら歩く ②音楽が止まったら椅子に座る ③座れなかったら復活席に行く ④1回待ったらゲームに戻る ・ゲームに戻る時の「ふっかーつ！」のポーズと声かけを練習する ・「最後まで参加する子がかっこいいよ」と伝える ・担任の合図でスタートし、ゲームをテンポよく進める ・タイマーをセットし、3分間取り組む ・クラス全員に最後まで参加できたことを褒める	・負けても、ゲームに戻れて、再チャレンジできる遊び（復活椅子取りゲーム）からスタートすると、最後まで参加できるようになります ・その後、通常の椅子取りゲームをすると我慢の力がつきます ・子どもが再チャレンジする気持ちになるように、担任は、明るく元気に、子どもの手を取って『ふっかーつ！』と声をかける ・座れなかったときは、「くやしかったね」と気持ちに共感する ・手をつないで"復活席"に座るように促す ・「1回待ったら、『ふっかーつ！』で、またゲームに戻れるよ」と伝える ・最後まで参加できたことを褒める	評価日： 7月14日（金）16：30〜		

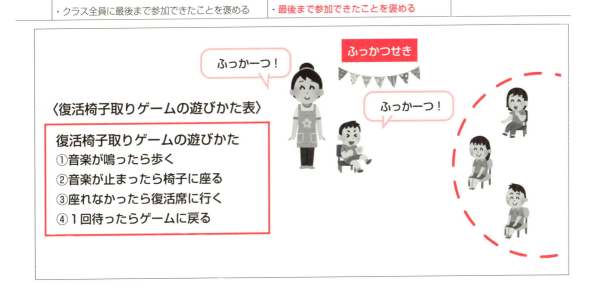

〈復活椅子取りゲームの遊びかた表〉

復活椅子取りゲームの遊びかた
①音楽が鳴ったら歩く
②音楽が止まったら椅子に座る
③座れなかったら復活席に行く
④1回待ったらゲームに戻る

付録　4・5歳児の事例集

32 チームで作戦を考え、集団遊びに最後まで参加することができる
（鬼ごっこ「ガッチャン」）

まとめ ❶支援のテーマ　チームで作戦を考え、集団遊びに最後まで参加することができる（鬼ごっこ「ガッチャン」）　❷いつ　鬼ごっこ「ガッチャン」のとき　❸どこで　遊戯室　❹だれが　担任、主任　❺だれに　クラス全員（対象児A）　❻何回　10回　❼準備物　遊びかたの絵図、赤と青のテープ、鍵マーク

対象児	10の姿
A（5歳児）	ア　健康な心と体　ウ　協同性　エ　道徳性・規範意識の芽生え　カ　思考力の芽生え　ク　数量や図形、標識や文字などへの関心・感覚　ケ　言葉による伝え合い
気になる姿	要因
氷鬼のとき、タッチされた後、止まって助けを待てず、動いてしまったり、途中で遊びをやめてしまったりする	❶助けてもらえるまでの待ち時間が長い

目標
（対象児）鬼ごっこ「ガッチャン」のとき、捕まったら味方に助けを求めることができる
（クラス）鬼ごっこ「ガッチャン」のとき、作戦を立て、協力して遊ぶことができる

期間	具体的な支援方法		結果・評価		
7.1〜7.14 10日間	〈クラス環境の整えとクラス全体の支援〉 【当日の鬼ごっこ「ガッチャン」】・コートの範囲を決め、赤の陣地と青の陣地に分け、それぞれの前に鍵マークを設定しておく ・遊びかたの絵図を見せながら、動きについて説明する ・担任、主任等で見本を見せる ・捕まったら「たすけて」と大きな声で伝えること、**鍵マークを踏むと全員復活できること**を伝える ・チームで作戦を相談することを促す ・タイマーを3分セットし、スタートの号令をかける ・時間になったらそれぞれの陣地にいる子の数を数え、勝ち負けを伝える ・頑張っていた子の姿を具体的に褒める	〈個別の支援〉 ・年長児クラスでは、日々の保育の中で、考えたり、話し合ったり、助け合ったりして、チームでひとつのことをやり遂げる力が育まれる保育を取り入れる ・捕まったら「たすけて」と大きな声で伝えること、**鍵マークを踏むと全員復活できること**を伝える ・最後まで参加したことを褒める	月日	○×	特記事項
			評価日：7月14日（金）16：00〜		

・タッチされたらジャンケンをすることにより、走るスピードが遅い子もジャンケンに勝てば、自分の陣地に相手を連れていくことができる。どちらがタッチしたかどうかのトラブルも減る
・鍵を踏んだら、チーム全員が助けてもらえ、復活できるので待ち時間が短くなる
・仲間を助けに行き、鍵を踏む、相手を捕まえる役割があるので、作戦タイムをあらかじめとるとよい

〈遊びの内容〉
(1) 赤チームは青チームの子どもを捕まえて、ジャンケンをして勝ったら、赤チームの陣地に入れる
青チームは赤チームの子どもを捕まえて、ジャンケンをして勝ったら、青チームの陣地に入れる
(2) 捕まった子は仲間に「鍵を踏んで、助けて〜」と助けを呼ぶ
(3) 捕まっていない子は、①仲間を助けに行き、鍵を踏む、②相手を捕まえに行く
(4) 3分間で多く捕まえたチームの勝ち（時間はクラスのようすにより設定する）

〈鬼ごっこ「ガッチャン」の遊びの内容〉

鬼ごっこ「ガッチャン」の遊びかた
(1) 赤チームは、青チームの子どもを捕まえて、ジャンケンをして勝ったら、赤チームの陣地に入れる
青チームは、赤チームの子どもを捕まえて、ジャンケンをして勝ったら、青チームの陣地に入れる
(2) 捕まった子は、仲間に「鍵を踏んで助けて～」と助けを呼ぶ
(3) 捕まっていない子は
　①仲間を助けに行き、鍵を踏む
　②相手を捕まえに行く
(4) 時間になったとき、多く捕まえたチームの勝ち

・コート（逃げる・追いかける範囲）を決めておく
・自分の陣地がわかるように赤と青に分けておく

〈遊びかた表〉

①2チームに分かれて追いかける	②タッチされたら、ジャンケンをする

③勝った子は負けた子を陣地に連れて行く 捕まった子は助けを呼ぶ	④鍵のマークを踏んで仲間を助ける
 たすけて	 ガッチャン　ありがとう　わ～い

〈全体の遊びの続き〉

①おいかける→にげる
②タッチされたら、ジャンケンをする
③勝った子が負けた子を陣地に連れて行く 捕まった子は助けを呼ぶ
④鍵のマークを踏んで仲間を助ける
⑤全員復活する

ガッチャン
たすけて

33 クラスのみんなで決めた遊びをすることができる
（サイコロによる多数決）

まとめ ❶支援のテーマ クラスのみんなで決めた遊びをすることができる（サイコロによる多数決） ❷いつ クラス遊びを決めるとき ❸どこで 保育室 ❹だれが 担任 ❺だれに クラス全員（対象児A） ❻何回 10回 ❼準備物 遊びの決めかた表、三色サイコロ、ボードに書いてある遊びの名前を隠しておく三色カード

対象児	10の姿
A （4歳児）	ウ 協同性　エ 道徳性・規範意識の芽生え　ク 数量や図形、標識や文字などへの関心・感覚

気になる姿	要因
「今日のクラス遊びは"ジャンケン列車"をしましょう」と言ったとき、「フルーツバスケットがしたい」と譲らず、寝転んだり、騒いだりしていつまでも言い続ける	❶自己主張が通る経験が多い

目標
（対象児）クラス遊びのとき、決められた方法（サイコロによる多数決）で決定した遊びをすることができる
（クラス）クラス遊びのとき、決められた方法（サイコロによる多数決）で決定した遊びをすることができる

期間	具体的な支援方法		結果・評価		
7.1〜7.14 10日間	〈クラス環境の整えとクラス全体の支援〉 【当日のクラス遊び】 ・クラスの課題としてクラス遊びが公平に決まらないことを取り上げ、どのようにして決めたらいいか、子どもたちに意見を募る ・そのなかから、サイコロによる多数決でクラス遊びを決める方法を担任が提案する ・ボードに遊びの名前を書き、三色のカードで隠しておく ・遊びの決めかた表を掲示して、決めかたを伝える 　①サイコロを1回振る 　②一番多く出た色の遊びをする ・全員が1回ずつ、サイコロを振り、一番多く出た色の遊びに決定する ・決めた遊びをクラスみんなで行う ・上手に決めて、遊べたねと褒める	〈個別の支援〉 ・自己主張ばかりではなく、クラスの友だちの意見も聞き入れ、仲良く遊べることがよいことであると伝える ・自己主張が強く、切り替えにくい子に対しては、公平性があり、ワクワク、ドキドキする偶然性のある決めかたで、人に合わせる経験を増やす ・「みんなで決めた遊びに参加できてかっこいいね」と褒める。	月日	○×	特記事項
			評価日： 7月14日（金）16：30〜		

〈遊びの決めかた表〉
①サイコロをひとり1回振る
②一番多く出た色の遊びに決める

〈遊び表〉

色カードで遊びの名前を隠しておく

〈三色サイコロ〉

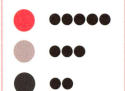
〈集計表〉

サイコロの目が一番多かった色のカードだけをめくる

34 グループの友だちと一緒にいろいろな遊びを体験・発展することができる（コーナー遊び）

> **まとめ** ❶支援のテーマ　グループの友だちと一緒にいろいろな遊びを体験・発展することができる（コーナー遊び）　❷いつ　グループ遊びのとき　❸どこで　保育室　❹だれが　担任　❺だれに　クラス全員（対象児Ａ）　❻何回　10回　❼準備物　遊びかた表、各コーナーの玩具、シール台紙、シール

対象児	10の姿
A（4歳児）	ウ　協同性　エ　道徳性・規範意識の芽生え　カ　思考力の芽生え　ケ　言葉による伝え合い　コ　豊かな感性と表現

気になる姿	要因
ブロックで遊んでいるとき、友だちが積み木で遊んでいるのを見ると、ブロックを置いたまま積み木で遊び始め、次々と遊びが移っていく	❶遊びかたがわからない

目標
（対象児）グループ遊びのとき、グループの友だちと一緒に、3つの遊びをすることができる
（クラス）グループ遊びのとき、グループの友だちとやり取りして、いろいろな遊びを発展することができる

期間	具体的な支援方法	結果・評価		
	〈クラス環境の整えとクラス全体の支援〉	〈個別の支援〉	月日	○×	特記事項
7.1〜7.14　10日間	【グループ遊び】 ・"ブロック""積み木""おままごと"など、遊びコーナーを設置する ・コーナーごとに遊びかたを掲示する ・グループリーダーを各グループ1名決める ・グループ遊びの遊びかたを説明する 〈グループ遊びの遊びかた〉 ①リーダーがくじを引く ②先生が「終わり」と言うまで遊ぶ ③時計回りに3つの遊びをする ・1つのコーナーで遊ぶごとに、グループリーダーがシールを貼ることを伝える ・順番に各コーナーで遊ぶように伝える ・遊びかたがわからないグループの援助をする ・グループで遊べたことを褒める	・グループリーダーに任命する ・自由遊びのとき、自分の決めた遊びに集中できないのは遊びかたがわからない（遊びを発展させられない）ことが多いようです。集中できないので、他児のしている遊びに目を奪われてしまいます。その場合は、この事例のように、遊びコーナーをつくって友だちと一緒に遊びの体験をすることで、遊びが深まったり、広がったりして、興味を持ち、やがて集中して遊ぶことができるようになるでしょう ・最後まで遊べたことを褒める	評価日： 7月14日（金）16:30〜

〈グループ遊びの遊び方表〉

　　　グループ遊びの遊びかた
　　①リーダーがくじを引く
　　②先生が終わりと言うまで遊ぶ
　　③時計回りに3つの遊びをする

〈グループのシール台紙〉

ブロック	つみき	おままごと

〈シール〉

楽しく遊べたね！

〈遊びコーナー〉

ブロックコーナー
見本と同じ電車をつくってみよう

つみきコーナー
見本と同じ家をつくってみよう

おままごとコーナー
お弁当をつくってみよう

〈遊びかたのヒント〉

35 折り紙を最後まで折ることができる（野山をイメージした壁面画）

まとめ	❶支援のテーマ 折り紙を最後まで折ることができる（野山をイメージした壁面画） ❷いつ 折り紙のとき ❸どこで 保育室 ❹だれが 担任 ❺だれに クラス全員（対象児A） ❻何回 10回 ❼準備物 野山をイメージした壁面画、折りかたの工程表、折り紙

対象児	10の姿
A（4歳児）	ウ 協同性　オ 社会生活との関わり　ケ 言葉による伝え合い　コ 豊かな感性と表現
気になる姿	要因
折り紙のとき、「三角に折ります」と言っても途中で止まってしまい最後まで折らない	❶折りかたがわからない
目標	
（対象児）折り紙のとき、担任と一緒に決めたものを最後まで折ることができる （クラス）折り紙のとき、野山をイメージして、自ら決めたものを折ることができる	

期間	具体的な支援方法		結果・評価		
7.1 〜 7.14 10日間	〈クラス環境の整えとクラス全体の支援〉 ・模造紙に原っぱ、木、池などを描いた壁面を貼っておく ・3〜5工程の工程表を掲揚しておく（バッタ、チューリップ、セミ、カブトムシ、サカナ、ちょうちょ、テントウムシ、家など） 【当日の折り紙】 ・「この中から、自分で選んだものを折ろうね」と声をかける ・「わからないときは、先生に聞いてね」と伝える ・折れたことを褒め、模造紙に貼るように促す ・全員貼れたら「明日もしようね」と声をかけ、褒める	〈個別の支援〉 ・折り紙の苦手な子どもには、まず、100%〜90%の支援をする ・慣れてきたら、80%〜70%と支援を引くと、20%〜30%でできることが増える ・このような成功体験で担任との信頼関係が向上する ・「バッタがいいかな」、「チューリップがいいかな」など伝え、少ない工程のものから選ばせる ・工程表を見せながら1工程折るごとにOKサインで褒める ・壁面のところに一緒に行き好きな場所に貼らせ「明日もしようね」と声をかける	月日	○×	特記事項
			評価日： 7月14日（金）16：00〜		

〈折り紙の例〉
①ばった
②ちゅーりっぷ
③せみ
④かぶとむし
⑤さかな
⑥ちょうちょ
⑦てんとうむし
⑧いえ

〈工程表の例〉

〈野山をイメージした壁面〉

36 顔を描くことができる（絵描き歌遊び）

まとめ
❶支援のテーマ　顔を描くことができる（絵描き歌遊び）　❷いつ　絵描き歌遊びのとき　❸どこで　保育室　❹だれが　担任
❺だれに　クラス全員（対象児A）　❻何回　5回　❼準備物　顔の絵描き歌の完成図、工程表、紙、ペン、ホワイトボード

対象児	10の姿
A（5歳児）	コ　豊かな感性と表現
気になる姿	要因
自分の顔を描くとき、画用紙を渡されても描こうとしない	❶描きかたがわからない

目標
（対象児）絵描き歌遊びのとき、顔を描くことができる
（クラス）絵描き歌遊びのとき、顔を描くことができる

期間	具体的な支援方法		結果・評価		
7.1 ～ 7.14 5日間	〈クラス環境の整えとクラス全体の支援〉 【絵描き歌遊び】 ・顔の完成図と工程表を掲示する ・「最後まで描けることが素敵です」と伝える ・最初に、担任がホワイトボードを使って、1工程ずつ見本を見せる ・その後、同じように1工程ずつ示し、「みんなで描きましょう」と言って進める ・最後まで描いたことを褒める	〈個別の支援〉 ・Aの席は担任の前にする。 ・年長児で絵が描けない子に、特別に個別指導をすると、恥ずかしがったり、自信をなくしたりします ・そこで、まずはクラス全体に歌に合わせた描きかたを伝えます ・みんな同じ絵になりがちな場合、髪型などで変化をつけると、個性的な絵ができあがります ・その後、「好きな顔や絵を自由に描きましょう」と伝えると、自分でイメージした絵を描くようになります ・絵を描くことに自信が持てない子には、チャレンジする気持ちが持てる支援が大切です ・描けないときは、担任が手を添えて一緒に描く ・最後まで描いたことを個別に褒める	月日	○×	特記事項
			評価日： 7月14日（金）16：30〜		

〈絵描き歌の工程表〉

① 大きなお池がありました
② お箸が2本
③ 豆2つ 豆2つ
④ 三角おむすび お皿にのせて
⑤ お耳を描いたら
⑥ 髪の毛くしゅくしゅ あっという間にできあがり

〈絵描き歌の完成図〉

顔は同じでも髪型を変えることで、個性的になります！

37 ハサミで線どおりに切ることができる（ハサミチャレンジ）

> **まとめ** ❶支援のテーマ　ハサミで線どおりに切ることができる（ハサミチャレンジ）　❷いつ　ハサミチャレンジのとき
> ❸どこで　保育室　❹だれが　担任　❺だれに　クラス全員（対象児A）　❻何回　10回　❼準備物　ハサミの持ちかたの写真、紙を持つ位置の写真、ハサミチャレンジ表、1回切りから曲線までの5種類の紙、シール

対象児	10の姿
A（5歳児）	ア　健康な心と体　イ　自立心　カ　思考力の芽生え ク　数量や図形、標識や文字などへの関心・感覚
気になる姿	要因
ハサミを使って紙を切るとき、線どおりに切れない	❶ハサミの使いかたがわからない ❷紙を持つ位置がわからない
目標	
（対象児）ハサミチャレンジのとき、担任と一緒に線どおりに切ることができる （クラス）ハサミチャレンジのとき、いろいろな切りかたにチャレンジすることができる	

期間	具体的な支援方法		結果・評価		
7.1 ～ 7.14 10日間	〈クラス環境の整えとクラス全体の支援〉	〈個別の支援〉	月日	○×	特記事項
	【事前】 ・ハサミにシールを貼り、切るところがわかるようにしておく 【当日のハサミチャレンジ】 ・ハサミの使いかたと紙を持つ位置の見本を見せる ・ハサミチャレンジ表を見せ、チャレンジすることを伝える ・1日に、レベル①②、レベル②③など、2つのレベルずつ切るように伝える ・グループごとに紙を取りに行くよう促す ・線どおりに切れたら「ハサミチャレンジ成功！」と、褒める	・ハサミは先端で切るのではなく、切るところにシール等の印をつけ、その部分で切るように伝える ・紙のずらしかたも具体的に見せる ・最初は、レベル①②を重点的に取り組む ・切った紙はごっこ遊びなどで使う ・ハサミを持つ手に、担任の手を添えて支援する ・紙を持つ位置のずらしかたを個別に伝える ・「線どおりに切れたね」と、褒める			評価日： 7月14日（金）16：30～

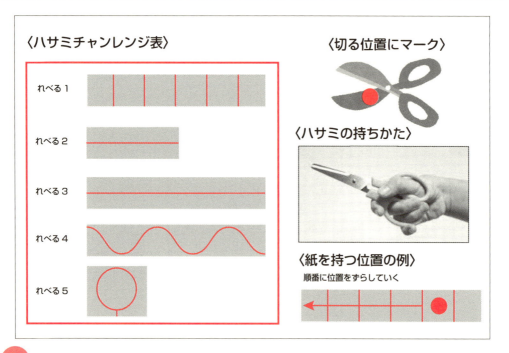

38 箸を使って物をつかむことができる（お箸チャレンジ）

まとめ
❶支援のテーマ　箸を使って物をつかむことができる（お箸チャレンジ）　❷いつ　お箸チャレンジのとき
❸どこで　保育室　❹だれが　担任　❺だれに　クラス全員（対象児A）　❻何回　10回　❼準備物　お箸カード、お箸チャレンジ表、箸の持ちかたの絵図、箸、摑む物

対象児	10の姿
A（5歳児）	ア　健康な心と体　イ　自立心　カ　思考力の芽生え ク　数量や図形、標識や文字などへの関心・感覚

気になる姿	要因
給食のとき、箸の持ちかたがぎこちなく、食べ物をよく落とす	❶箸の動かしかたがわからない ❷いろいろなものをはさむ経験が少ない

目標
（対象児）お箸チャレンジのとき、箸を使っていろいろなものをつかむことができる
（クラス）お箸チャレンジのとき、箸を使っていろいろなものをつかむことができる

期間	具体的な支援方法		結果・評価		
7.1 ～ 7.14 10日間	〈クラス環境の整えとクラス全体の支援〉 【当日のお箸チャレンジ】 ・箸の持ちかたの絵図を掲示する ・「お箸チャレンジ」の表を掲示する ・箸の持ちかたの絵図を見せて説明し、レベル1～5まで、つかんで見せる ・"お箸カード"を使って箸を動かす練習をする ・「お箸チャレンジ」は1日1レベル、2日間ずつ行う ・最後まで取り組めたことを褒める	〈個別の支援〉 〈お箸カード〉   **おはしチャレンジ** れべる1　すぽんじ　　　10こ れべる2　ふぇるとぼーる　10こ れべる3　はなはじき　　10こ れべる4　まかろに　　　10こ れべる5　だいず　　　　10こ ・そばについて箸の動かしかたを伝える ・最後まで取り組めたことを褒める	月日	○×	特記事項
			・箸が上手に使えない子どもに、給食時間に使いかたを教えたりすると、給食が嫌になることがあります ・遊びを通して、楽しみながら、箸を使う経験を増やす「お箸チャレンジ」は、挑戦する気持ちを促します		

〈お箸チャレンジ表〉　　〈箸の持ちかた〉　〈箸の動かしかた〉

おはしチャレンジ
れべる1　すぽんじ　　　10こ
れべる2　ふぇるとぼーる　10こ
れべる3　はなはじき　　10こ
れべる4　まかろに　　　10こ
れべる5　だいず　　　　10こ

〈お箸カード〉

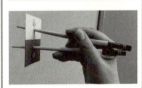

〈スポンジ〉　〈フェルトボール〉　〈はなはじき〉　〈マカロニ〉　〈だいず〉

索引

■数字・欧文索引

10の姿　137
CLM コーチ　ix
CLM 集団チェック　103,
　131
「CLM と個別の指導計画」　vii,
　94, 99, 126
「CLM と個別の指導計画」のサ
　イクル　104
「CLM と個別の指導計画」の作
　成手順　126
CLM 方式　98
SOS　67, 81

■和文索引

◆あ

愛着の形成　79
朝の会　108
遊び　68
遊びの発展　73
「あったか・サンド」方式　86
腕利き　31, 89
絵カード　66
エピソード　97, 130
援助　48
落ち着ける場所　109

◆か

学習障害　16
片づけ　32, 107
価値観　41

環境の整え　7, 26, 97, 107
観察記録　44
期間　97
気になる子　2
気になる行動　22
キーパーソン　83
拒否　67
クラス全体の支援　109
クラス全体の底上げ　102
結果・評価　137
限局性学習症　16
言語コミュニケーション　v
構造化　96
行動化　41
行動観察　130
行動パターン　54
合理的配慮　7, 28, 96
告知　81
午睡　54
個性　11, 17
個性的　29, 49
こだわり　v, 18
ことば　64, 65
個別の支援　119
困りごと　3
コミュニケーション　63

◆さ

支援の質　25
支援の引き算　73, 113
支援力　31
視覚　38
視覚的支援　66
自己効力感　122

自信　89
自尊感情　40
自閉症（自閉スペクトラム症）
　18
社会参加　48
社会性　v, 59
社会的振る舞い　v
写真カード　66
自由遊び　71
集団遊び　74, 114
集団活動　108
趣味　70
巡回指導　31
受容態度　41
食事マナー　56
触覚　39
食器具　56
自立　48, 80
人材育成　102
信頼関係　78, 119
スケジュール　59
生活習慣　52
生活リズム　54
成功体験　86, 119, 122
先行的支援　8
早期支援　ix
早期受診　24
早期発見　x
ソーシャル・スキル・トレーニン
　グ　81

◆た

対人関係　v
立ち歩き　56

多動　11
多動のおさまりスピード　14
ダブルバインド　9, 27
誰もがわかりやすい保育　7, 27
担任との５分間遊び　73
担任の保育の振る舞い　96
知的発達　94
知的発達症　94
聴覚　38
長期目標　52
定期排泄　57
手順表　26, 28
途切れのない発達支援　iii, 44,
　　52
得意と苦手　15
特性　11
友だち　82

◆は
排泄　57
パターン　43
発達課題　88
発達過程　6, 18
発達障害　7

発達障害者支援法　viii
発達総合支援室・機能　viii
引きつぎ　138
非定型発達児　viii
表出言語　65
標的課題　97
昼寝　54
不必要な失敗をさせない支援
　　102
プラン　136
プロフィール　129
ベビーサイン　65
変化　43
偏食　55
保育所保育指針　96
暴力行動観察チェック表　45
保護者　85
母子愛着　76

◆ま
みえ発達障がい支援システムアド
　　バイザー　ix
見立て　31
無条件の愛　76

目利き　31, 89
目標　97, 134
模倣　65
問題行動　27

◆や
要因と支援の相関表　135
要因分析　97, 133
要因分析力　31
幼児期の終わりまでに育ってほし
　　い姿　137
余暇　68
予防　20

◆ら
ライフ・ステージ　vii, 83
ルール　59, 96
連携　102
ロールプレイ　81, 136

◆わ
ワンストップ窓口　viii

おわりに

CLM 方式とは要因分析にもとづく問題解決法のひとつです

「最近、太ってきた」、「家のなかが片づかない」、「子どもがゲームばかりしている」、「子どもが園や学校に行きたがらない」、「仕事の残業が多い」、「職場の雰囲気が暗い」など、さまざまな場面で使える考えかた、それが本書で紹介している CLM 方式です。

この CLM 方式を用いて、地域で障害のある子どもを育てている母親が集まり、「ママの子育て大作戦」と称した研修会（講演と演習）を行っています。母親がわが子の気になる行動の要因を考え、それを解決する支援方法を組み立てます。CLM 方式はよい習慣づくりでもあるため、毎日コツコツと実践する手ごたえがあるようです。

「いつまでもわが子のことを専門家に相談するのではなく、自分で育児（支援）計画を立てましょう」、「魚をもらうな、釣りかたを覚えよ」が浸透し、複数回参加している母親のなかには、自立心が芽生え、「次はこの課題に取り組みます」と積極的な姿が見られるようになりました。まさに「釣りかたを覚えた母はたくましい！」と思う瞬間です。

CLM と個別の指導計画

本書は、発達が気がかりな（見方にもよりますが）子どもが、毎日通う保育所や幼稚園などで困らないように、保育者が子どもの発達や特性を見立て、どのように支援すればよいかを示した本です。

たとえば、「遊びかたを知らない・集団が苦手で友だちと遊べない子には、最初は担任と 5 分間遊びをし、信頼関係を結びつつ、遊びかたや社会的振る舞いかたを教えます。そして、個別から小集団を経て、クラス遊びに参加できる方法」などを示しました。

そのためには、保育者の目利き力（見立て力・要因分析力）、腕利き力（支援力）が求められます。具体的には、保育所・幼稚園などに通う気になる子の保育・教育を、保育者が「CLM と個別の指導計画」を活用し、自ら計画を立て、気になる子もクラスのみんなとともに育てる内容として取り上げています。これはインクルーシブ保育とも言えるものです。

毎日、子どもが通う園で保育者が、自分で計画を立て、実行できれば、支援が遅れることはありません。ここでもやはり、専門家を待つより、「釣りかたを覚えよ」なのです。保育は、発達支援と地続きなのですから。

　さて、その「釣りかたを覚える」ための3つのレクチャーに続いて、本書巻末には、「幼児期の終わりまでに育ってほしい姿」を取り入れた「CLMと個別の指導計画」事例集を加えました。気になる子の支援と同時にクラス全体の子どもたちの成長にも役立つプログラムです。本文と合わせてぜひ活用ください。

　この事例集には、三重県内および県外で使われた事例や、みえ発達障がい支援システムアドバイザー、CLMコーチ、NPO法人ライフ・ステージ・サポートみえなどが独自に作成した事例も入れさせていただきました。ここにすべての方のお名前をあげることはかないませんが、関係する方々にはこの場を借りて御礼申し上げます。

　事例集をまとめるにあたっては、NPO法人ライフ・ステージ・サポートみえの仲間、谷礼子さんと酒井晃子さんに手伝っていただきました。休日返上のうえ、夜遅くまで、お二人の援助がなければ難しい作業でした。

　臨場感あふれるイラストは、みえ発達障がい支援システムアドバイザーの長﨑　綾さんに描いていただきました。筆者の度重なる注文にも快く応じてくださいました。

　講演原稿が本になる過程は、川口晃太朗さんの編集者としての力なくしては成しえませんでした。筆者の迷いや相談に対して明確な答えを出していただきました。

　最後に、今回の執筆にあたり、出会った子どもたち、保護者、園・学校の先生方、保健・福祉・教育の自治体関係者、医療関係者、地域の方々などからは、多くの学びをいただきました。そして、「CLMと個別の指導計画」に取り組まれていらっしゃるすべての皆様に、あらためて心より感謝申し上げます。

　気になる子をハグしながら「かわいいのよ」と話してくれる先生、子どもと走りまわり笑顔がはじけている先生、子どもの立ち止まりに困惑顔の先生……。いままでに出会ったたくさんの先生方のお顔が浮かんできます。これからも先生方が困らないように応援し続けたいと思います。どうかひとりで悩まないでください。保育者の先生には涙ではなく笑顔が似合います。

　本書がこの国に生まれ育つすべての子どもの育ちや発達に、そして関係者の皆様に少しでも役立つことができれば幸いです。

2024年　秋

中村みゆき

memo

memo

執筆者紹介

中村みゆき（なかむら・みゆき）

　元三重県立小児心療センターあすなろ学園副参事兼こどもの発達総合支援室室長。40 年近くの在職中、主に発達障害児の入院治療・療育にかかわる。2005 年から三重県全体の発達障害児などの支援を行うための「途切れのない発達支援システム」の構築を推進。厚生労働省の発達障害者支援開発事業を受け、発達障害児の支援ニーズや成長段階に応じて、一貫した支援を行う手法を開発した。具体的には、「自治体のしくみづくり」、「保育士・保健師・教員等の人材育成」、「『CLM と個別の指導計画』を活用した乳幼児期の早期発見・支援」の 3 本柱である。

　退職後も、あすなろ学園（現三重県立子ども心身発達医療センター）に勤務し、「みえ発達障がい支援システムアドバイザー」、「CLM コーチ」の育成、県内外の市町村に出向き、発達支援に関するしくみづくりや人材育成を推進中である。

　また、2013 年、NPO 法人ライフ・ステージ・サポートみえをあすなろ学園職員や OB とともに立ち上げ、副理事長として、18 歳以上の発達障害の方のサポートも含めた途切れのない発達支援を行っている。

　保育士、幼稚園教諭、精神保健福祉士、特別支援教育士。日本児童青年精神医学会・日本 LD 学会会員。

　主な著書に、『気になる子も過ごしやすい園生活のヒント――園の一日場面別――』（Gakken, 2010, あすなろ学園・執筆）、『園生活がもっとたのしくなる！　クラスのみんなと育ち合う保育デザイン――保育者の悩みを解決する発達支援のポイント――』（福村出版, 2016, 単著）、『保育所保育指針解説 平成 30 年 3 月』（フレーベル館, 2018, 厚生労働省・編集, 分担執筆）など多数。

気になる子とクラスのみんなを育てる保育のシナリオ
CLM 方式による指導計画実践ノート

2024 年 11 月 1 日　初版第 1 刷発行

著　者　　　中村みゆき
発行者　　　宮下基幸
発行所　　　福村出版株式会社
　　　　　　〒 104-0045　東京都中央区築地 4-12-2
　　　　　　電話　03-6278-8508 ／ FAX　03-6278-8323
　　　　　　https://www.fukumura.co.jp
印刷・製本　中央精版印刷株式会社

©2024 Miyuki Nakamura
Printed in Japan　ISBN978-4-571-12147-0　C3037
落丁・乱丁本はお取替えいたします
定価はカバーに表示してあります

福村出版◆好評図書

中村みゆき 著

園生活がもっとたのしくなる！
クラスのみんなと育ち合う保育デザイン
●保育者の悩みを解決する発達支援のポイント

◎1,600円　　ISBN978-4-571-12128-9　C3037

発達に偏りのある子が，園生活をたのしく過ごし，クラスのみんなと育ち合う保育デザインをわかりやすく解説。

渡邊雄介 監修／芳野道子・越智光輝 編著

保育内容「音楽表現」
●声から音楽へ　響きあう心と身体

◎2,600円　　ISBN978-4-571-11047-4　C3037

日々の保育に欠かせない声の健康を保つための基礎知識を身につけ，保育における豊かな音楽表現を目指す。

家庭的保育研究会 編

地域型保育の基本と実践〔第2版〕
●子育て支援員研修〈地域保育コース〉テキスト

◎2,800円　　ISBN978-4-571-11048-1　C3037

概ね3歳までの子どもの保育の基礎知識を学び，多様な保育ニーズに応える保育力を養う基本テキスト改訂版。

石井正子・向田久美子・坂上裕子 編著

新 乳幼児発達心理学〔第2版〕
●子どもがわかる 好きになる

◎2,300円　　ISBN978-4-571-23065-3　C3011

「子どもがわかる 好きになる」のコンセプトを継承し，最新の保育士養成課程や公認心理師カリキュラムに対応。

加藤由美 著

保育者のためのメンタルヘルス
●困難事例から考える若手保育者への心理教育的支援

◎2,100円　　ISBN978-4-571-24066-9　C3011

保育現場の先生方の困難事例を多数掲載。保育者を目指す学生，若手を育成する立場にある先生方にもおすすめ。

北川聡子・小野善郎 編

子育ての村ができた！
発達支援，家族支援，共に生きるために
●向き合って，寄り添って，むぎのこ37年の軌跡

◎1,800円　　ISBN978-4-571-42075-7　C3036

障害や困り感のある子どもと家族をどう支えるのか，むぎのこ式子育て支援の実践からこれからの福祉を考える。

北川聡子・古家好恵・小野善郎＋むぎのこ 編著

子育ての村「むぎのこ」の
お母さんと子どもたち
●支え合って暮らす むぎのこ式子育て支援・社会的養育の実践

◎1,800円　　ISBN978-4-571-42078-8　C3036

むぎのこで支援を受けた当事者の語りを通して，むぎのこ式実践の意味とこれからの社会福祉の可能性を考える。

北川聡子・古家好恵・小野善郎 編著

「共に生きる」
未来をひらく発達支援
●むぎのこ式子ども・家庭支援40年の実践

◎1,800円　　ISBN978-4-571-42083-2　C3036

障害のある子どもたちの自己実現を可能にする，ウェルビーイングが保障される多様性尊重の社会を考える。

B.M.プリザント・T.フィールズ−マイヤー 著／長崎 勤 監訳
吉田仰希・深澤雄紀・香野 毅・長澤真史・遠山愛子・有吉末佳 訳

自閉 もうひとつの見方
●これが私だと思えるように

◎3,300円　　ISBN978-4-571-42081-8　C3036

自閉症者支援の第一人者による名著の増補改訂版。変わりゆく自閉とアイデンティティの考え方を反映させた。

◎価格は本体価格です。